Markus Reiter gehört mit seinem Büro »Klardeutsch« in Stuttgart zu den führenden Journalistentrainern im deutschsprachigen Raum. Er war zuvor Reporter und stellvertretender Chefredakteur von »Reader's Digest Deutschland« und Feuilletonredakteur der »Frankfurter Allgemeinen Zeitung«. Reiter ist Autor zahlreicher Bücher zum Thema Sprache und Kommunikation. Kontakt: www.klardeutsch.de. (Foto: Die arge Lola)

Markus Reiter

Überschrift,
Vorspann,
Bildunterschrift

2., völlig überarbeitete
und erweiterte Auflage

UVK Verlagsgesellschaft mbH

Praktischer Journalismus
Band 64

Bibliografische Information der Deutschen Nationalbibliothek
Die Deutsche Nationalbibliothek verzeichnet diese Publikation in der
Deutschen Nationalbibliografie; detaillierte bibliografische Daten sind im
Internet über http://dnb.d-nb.de abrufbar.

ISSN 1617-3570
ISBN 978-3-86764-148-7

1. Auflage 2006
2. Auflage 2009

© UVK Verlagsgesellschaft mbH, Konstanz 2009

Einbandgestaltung: Susanne Fuellhaas, Konstanz
Satz: Eva-Maria Waas, Stuttgart
Korrektorat: Christiane Kauer, Bad Vilbel
Druck: fgb · freiburger graphische betriebe, Freiburg

UVK Verlagsgesellschaft mbH
Schützenstr. 24 · D-78462 Konstanz
Tel.: 07531-9053-0 · Fax: 07531-9053-98
www.uvk.de

Inhalt

Vorwort

Seit der ersten Auflage dieses Fachbuches ist die Aufmerksamkeit gewachsen, die Überschriften, Vorspann und Bildunterschriften in den vielen Redaktionen geschenkt wird. Zumindest ist bei vielen den Redakteurinnen und Redakteuren das Bewusstsein für die Bedeutung dieser Kleintexte gestiegen. Das liegt nicht zuletzt daran, dass der Qualitätsdruck auf Zeitungen und Zeitschriften wächst. Seit viele Redakteure auch Texte für das Internet verfassen, können sie täglich, sogar stündlich, an der Klickrate absehen, welche Artikel den Zuspruch der Leser finden und welche nicht. Sie erfahren somit, wie wichtig es ist, durch gute und treffende Überschriften, einen neugierig machenden Teaser und aussagekräftige Bildunterschriften den Leser für ihren Artikel zu interessieren. Gelingt das nicht, ist der Internet-Nutzer verschwunden. Während er bei einem Printprodukt im Zweifel nur weiterblättert oder, im schlimmsten Falle, die Zeitung oder Zeitschrift beiseitelegt, geht er im Internet wahrscheinlich zur Konkurrenz. Dank Google hat er ja Zugang zu vielen Quellen.

Seit dem Erscheinen der ersten Auflage habe ich hunderte Redakteure geschult. Viele Kolleginnen und Kollegen haben mir wertvolle Hinweise gegeben, die zu einem großen Teil in diese Überarbeitung eingeflossen sind. Einige machten sich auch die Mühe, mir Beispiele zukommen zu lassen. Andere haben durch ihre Fragen und durch ihre Kritik zur größeren Klarheit beigetragen. In einigen Fällen habe ich so, unter dem Eindruck guter Argumente, meine Meinung revidiert. Allen Seminarteilnehmern danke ich für die Hilfe und für den Austausch.

Ich vermeide es, hier die Namen vieler Chefredakteure, Redakteure und Verlage zu nennen, die mich zu einem Seminar eingeladen haben. Zu groß ist die Gefahr, dass ich unabsichtlich einige zu erwähnen vergesse. Dennoch möchte ich bei dreien eine Ausnahme machen. Zum einen danke ich dem Chefredakteur Friedrich Roeingh und seinem Stellvertreter Martin Vogler von der WESTDEUTSCHEN ZEITUNG. Sie haben mich eingeladen, fast alle rund 120 Redakteure dieses Blattes und einiger Schwesterzeitungen zu schulen und mir dadurch einen regen Austausch mit sehr vielen Zeitungskollegen ermöglicht.

Nina Fiolka hat mich hervorragend bei den zahlreichen Schulungen für die Vogel Medien-Gruppe betreut und mir somit geholfen, das Programm auf die Bedürfnisse von Fachzeitschriften und Fach-Internetportalen anzupassen.

Chefredakteur Joachim Dorfs und Matthias Schmidt von der STUTTGARTER ZEITUNG ist zu danken, weil sie mich trotz zahlreicher Beispiele aus ihrem Blatt, die schon in der ersten Auflage dieses Buches aufgetaucht sind (und nicht alle waren positiv), zur Schulung der Redaktion eingeladen haben. Ich versichere, dass die STUTTGARTER ZEITUNG nur deshalb so häufig auftaucht, weil mir bei meiner Tageszeitung die Beispiele schon morgens am Frühstückstisch auffallen.

Darüber hinaus hat im Laufe des letzten Jahres das Interesse von Internet-Redaktionen an diesem Thema stark zugenommen. Bei ihnen gilt es, eine Balance zu finden zwischen dem journalistischem Handwerk und der Suchmaschinenoptimierung. In diesem Buch gehe ich, viel stärker als in der ersten Auflage, auf die Bedingungen des Internet-Journalismus ein. Ich habe mich entschieden, außer zum Thema „Kleintexte und Suchmaschinen", kein eigenes Online-Kapitel einzufügen. Die Standards handwerklicher Qualität, um die es bei den Kleintexten geht, verändern sich im Netz nicht, ein Verstoß gegen sie wird nur schneller und sichtbarer bestraft – durch abwandernde Leser. In Zukunft wird ein erheblicher Teil des Journalismus im Netz stattfinden. Der Schulungsbedarf wird steigen. Umso mehr freue ich mich, dass es mir die ARD-ZDF-Medienakademie ermöglicht hat, ein zweitägiges Seminar zum Thema zu konzipieren.

Ganz „old media" ist hingegen dieses Buch. Und als solches will es gesetzt und gestaltet werden. Eva-Maria Waas danke ich in diesem Zusammenhang herzlich dafür.

Ich habe mich für diese zweite Auflage bemüht, wieder möglichst viele Beispiele aus unterschiedlichen Medien zu finden. Es sind zahlreiche neue hinzugekommen, so dass das Buch umfangreicher geworden ist. Allerdings habe ich nicht alle alten Beispiele ausgetauscht. Sie illustrieren das Gesagte noch immer treffend, auch wenn hin und wieder die Ereignisse eine Zeit zurückliegen oder die Protagonisten nicht mehr im Amt sind.

Die Leser sind eingeladen, auch in Zukunft zur Weiterentwicklung dieses Buches beizutragen. Für Anregungen, Kritik, Hinweise und Ideen bin ich dankbar.

Stuttgart, im Dezember 2008   Markus Reiter

1 Einleitung

1.1 Warum Überschrift, Vorspann und Bildunterschrift wichtig sind

Es gibt Redakteure, die recherchieren wochenlang ein Thema und schreiben dann mit großer Sorgfalt ihren Artikel. Dabei drehen und wenden sie jedes Wort. Am Ende haben sie einen Text verfasst, der flüssig und gut zu lesen ist und den Leser in seinen Bann schlägt. Dann, zwei Stunden vor Redaktionsschluss, hauen sie noch rasch eine Überschrift über den Text, schluren einen Vorspann hin und dichten notdürftige Unterschriften zu den Bildern.

Nun, diese Kollegen sollten sich nicht wundern, wenn Copytests oder eine Überprüfung mit dem Reader-Scan ergeben, dass nur sehr wenige Leser ihren mühevoll verfassten Text gelesen haben.

Inzwischen lässt sich die Wirkung der so genannten Kleintexte für viele Redakteure besonders leicht überprüfen. Schon so mancher Kollege zeigte sich erstaunt, wie sich ein besserer oder schlechterer Vorspann (Teaser im Internet) auf die Klickrate für seinen Artikel auswirkt.

Die mangelnde Sorgfalt, die viele Redaktionen auf Kleintexte verwenden, also Überschrift, Vorspann und Bildunterschrift, bestürzt. Dies gilt nicht nur für schlecht besetzte Redaktionen von Fachzeitschriften oder Special Interest-Titeln. Auch in den Redaktionsräumen großer Magazine und Tageszeitungen wird bei diesen Texten oft geschludert. In diesem Buch sind eine ganze Reihe von Beispielen misslungener Überschriften, Vorspanne und Bildunterschriften aufgeführt. Sie stammen aus kleinen regionalen Tageszeitungen wie DIE HARKE und aus Fachmagazinen wie DIE GLASWELT. Schlechte Beispiele finden sich aber ebenso in der SÜDDEUTSCHE ZEITUNG, der FRANKFURTER ALLGEMEINEN ZEITNG, dem SPIEGEL und dem FOCUS sowie vielen anderen namhaften Publikationen. An der Größe und Bedeutung der Redaktion kann es also nicht liegen, wenn bei den Kleintexten mangelnde Sorgfalt waltet.

Die Qualität der Kleintexte hängt offenbar auch nicht davon ab, ob ein Autor mehr oder weniger Zeit für die Formulierung hatte. Natürlich kann man dem Nachtredakteur, der um kurz vor Mitternacht noch rasch die Überschrift über einen aktualisierten Text für die Stadtausgabe seiner Zeitung formulieren muss, einen Patzer nachsehen. Oder dem Internet-Redakteur, der unmittelbar nach einem Ereignis bereits einen Artikel online stellen muss. Aber der verantwortliche Redakteur für eine wöchentlich erscheinende Sonderseite, zum Beispiel die Seiten „Medizin" oder „Wissenschaft", kann auf diese Absolution nicht hoffen.

Die Erfahrung aus der Beratung vieler Redaktionen zeigt, dass die Zeit für Überschriften, für Vorspanne und Bildunterschriften in den Produktionsprozess fest eingeplant werden muss. Es geht darum, dass die Redakteure den Kleintexten auch im Alltag angemessene Wertschätzung entgegenbringen. Denn gute Kleintexte sind eine Einladung an den Leser, sich mit dem zugehörigen Artikel zu beschäftigen. Sie ziehen den Leser in den Text und machen ihn neugierig auf das, was ihn dort erwartet. Sind die Kleintexte nicht anregend, blättert der Leser weiter und wird vermutlich den Text nicht lesen. Er wird also nie erfahren, ob die Reportage mit der drögen Überschrift und dem gähnend langweiligen Vorspann nicht vielleicht doch spannend geschrieben ist oder zumindest einen interessanten Inhalt hat.

Im Internet wird es übrigens nicht besser, sondern noch härter: Eine misslungene Überschrift oder ein schwacher Teaser sorgen nicht nur dafür, dass die Texte nicht angeklickt werden. Sie werden von den Nutzern noch nicht einmal gefunden, weil sie von den Suchmaschinen übersehen oder falsch eingeordnet werden.

Mediennutzer in einer informationsüberfluteten Welt neigen heute stark dazu, nur noch auf starke Anreize zu reagieren. Sie nehmen sich weniger Zeit für die Lektüre und wollen sofort wissen, ob es sich überhaupt lohnt, einen Artikel zu lesen. Inzwischen verfügen rund drei Viertel aller Deutschen über einen Online-Zugang. Die Online-Medien konkurrieren also heftig mit den Print-Medien um die Aufmerksamkeit der Menschen. Das heißt: Die Print-Medien müssen noch härter um diese Aufmerksamkeit kämpfen. Und die Online-Medien müssen sich gegen ein schier unübersichtliches Angebot an Gleichartigem durchsetzen.

Die Online-Medien haben aber auch das Verhalten der Mediennutzer qualitativ verändert. Schnelle, knappe Information ist heute im Internet jederzeit leicht verfügbar. Ein Internet-Nutzer kann innerhalb von Sekunden von einem Angebot zum nächsten wechseln, wenn er das Gefühl hat, die gesuchte Information nicht gefunden zu haben. Im Internet entspricht dem Vorspann der Teaser. Ein Artikel wird „angeteasert". Gelingt es dem Teaser nicht, die Neugier des Users zu wecken – und zwar innerhalb von weniger als drei Sekunden – klickt dieser einfach weg. In der Welt der Zeitschriften und Zeitungen blätterte ein Leser weiter, wenn ihn die Kurztexte nicht ansprachen. Niemand warf die FAZ zur Seite und griff zur SÜDDEUTSCHEN, wenn ihm ein einziger Vorspann nicht zusagte. In der Online-Welt tun die Nutzer genau das! Und noch mehr: Sie können mit nur zwei Klicks auch zur WELT oder zur STUTTGARTER ZEITUNG oder zur NEW YORK TIMES wechseln.

Printmedien müssen deshalb umso mehr der Konkurrenz einen Mehrwert für ihre Leser entgegensetzen. Leser, die nicht sofort davon überzeugt sind, dass ihnen der Zeitaufwand für die Lektüre eines Artikels einen Vorteil bringt, werden am Ende womöglich ganz auf das Medium verzichten.

Blickverlauftests bei Zeitungen und Zeitschriften haben als typisches Leserverhalten ergeben:

1. *Der Blick des Lesers fällt immer zuerst auf das dominierende Bild einer Seite.* Layouter sollten daraus den Schluss ziehen, dass eine Seite immer ein hervorstechendes Bild benötigt. Mehrere gleich große Bilder, die über eine Seite verteilt werden, geben dem Betrachter weniger Halt. Zugleich müssen Redakteure von dieser Erkenntnis lernen, dass sie die Optik ihres Artikels von Beginn an mit bedenken sollten. In gut organisierten Redaktionen unterstützt der Autor die Grafiker und die Fotografen mit originellen, spannenden Bildideen.

2. *Nach dem Bild sucht und liest der Leser die Bildunterschrift.* Dort will er Informationen finden, die ihm das Bild und den Zusammenhang, in dem es steht, erklären. Die grafische Gestaltung sollte es ihm deshalb leicht machen, die passende Bildunterschrift zu finden. Findet der Leser das Bild und die Bildunterschrift interessant, wandert sein Blick weiter zur Überschrift.

3. Die Überschrift ist eine Einladung des Textes an den Leser, die Aufforderung: „Komm, beschäftige dich mit mir!" Die Überschrift muss gleichzeitig informieren und locken, je nach Textform und Medium das eine Mal mehr, das andere Mal weniger.

4. Hat die Überschrift den Leser nicht abgeschreckt, wird er sich mit dem Vorspann beschäftigen. Bei nachrichtlichen Texten muss er hier alles finden, um entscheiden zu können, ob ihn auch noch die Details des Themas interessieren. Bei Texten wie Reportage, Feature und Interview sollte er jetzt so gespannt sein, dass er sich sogleich an die Lektüre des Artikels macht.

5. Erst jetzt fängt also der Leser an, sich wirklich an den Text des Artikels zu machen – wenn den Leser das Thema interessiert und er nicht schon vorher von lieblosen Kleintexten abgeschreckt wurde.

Bei jedem einzelnen dieser Schritte steigen Leser aus und entscheiden sich, weiterzublättern. Dies ist unvermeidlich, denn nie werden alle Leser alles lesen. Das Schaubild von Michael Haller (1999) veranschaulicht diese Aussteigerrate als Trichter:

Aufmerksamkeitstrichter

Von 100 Zeitungsnutzern ...

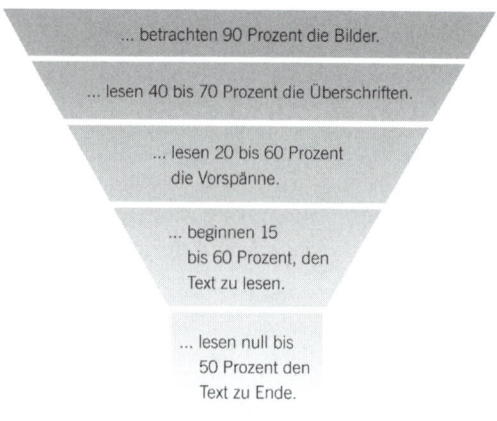

... betrachten 90 Prozent die Bilder.

... lesen 40 bis 70 Prozent die Überschriften.

... lesen 20 bis 60 Prozent die Vorspänne.

... beginnen 15 bis 60 Prozent, den Text zu lesen.

... lesen null bis 50 Prozent den Text zu Ende.

Werte, die mit Blickaufzeichnungskamera ermittelt wurden. Die Bandbreite ergibt sich aus Thema, Platzierung und Formulierung der Texte. Quelle: Michael Haller

Die Werte wurden durch Blickaufzeichnungskameras ermittelt. Die Bandbreite ergibt sich aus Thema, Platzierung und Formulierung der Texte. (Quelle: Michael Haller, Leipzig)

Auf dem Weg durch die Kleintexte vom Bild bis zum Beginn des Textes gehen zwischen 34 und 78 Prozent der Leser verloren. 44 Prozentpunkte Schwankung – von denen viele mit Sicherheit auf das Konto der Qualität von Bildunterschrift, Überschrift und Vorspann gehen. Oder anders gesehen: Ein beachtliches Potenzial an Lesern, die man allein mit der Pflege dieser Textformen gewinnen kann.

Sicherlich: Manche Leser werden niemals einen noch so gut gemachten Sportteil anschauen, andere verzichten auf das Feuilleton oder interessieren sich überhaupt nicht für Berichte aus dem Nachbarort.

Der pensionierte Oberstudienrat, der eine Zeitung oder Zeitschrift von der ersten bis zu letzten Zeile studiert, ist eine Ausnahme. Ziel jeder Redaktion sollte es jedoch stets sein, mit jedem Text möglichst viele Leser zu erreichen. Noch immer zeigt sich, dass das Thema für den Leser das wichtigste Kriterium ist. Ein interessantes Thema veranlasst viele Leser, trotz journalistischer Schwächen weiterzulesen. Allerdings muss der Leser ohne größere Mühe erkennen können, dass das Thema des Artikels für ihn interessant oder nützlich sein könnte. Sind die Kleintexte beliebig, unklar oder gar kryptisch, wird der Leser vom interessanten Thema gar nichts mitbekommen. Kleintexte haben also eine Orientierungsfunktion.

Der Vorteil guter Kleintexte macht sich vor allem in den Redaktionen von Fachzeitschriften bemerkbar. Sie sind in der Regel auf Autoren angewiesen, die sich zwar in der Materie, über die sie schreiben, sehr gut auskennen, jedoch selten erfahrene Schreiber sind. Die Redaktionen bestehen oft nur aus ein, zwei oder drei Redakteuren. So bleibt selten Zeit, um die Artikel selbst aufwändig zu redigieren, zumal es bei sehr spezialisierten Themen an der nötigen Fachkenntnis fehlt. Gerade in diesen Fällen muss die Redaktion besondere Mühe auf die Kleintexte legen, um den Leser zu gewinnen und bei der Stange zu halten. In der Bildunterschrift kann der Redakteur spannende Perspektiven auf ein Thema geben, in der

Überschrift Lust aufs Lesen machen. Im Vorspann kann er deutlich machen, warum es sich lohnt, den Artikel zu lesen – selbst wenn das Mühe bereiten sollte. Der Vorspann also verrät dem Leser den Mehrwert, den der Artikel womöglich für ihn hat. Gewiss: Er darf dabei nicht mehr versprechen, als der Artikel zu halten vermag. Sonst ist der Leser hinterher enttäuscht. Aber er sollte mit seinen inhaltlichen Vorzügen auch nicht hinterm Berg halten.

Der Umkehrschluss ist allerdings nicht erlaubt. Eine Teilnehmerin eines Seminars fragte mich einmal, ob sie denn schlechten Texten eine schwache Überschrift und einen langweiligen Vorspann verpassen solle, damit der Leser gleich weiß, woran er ist. Ich halte das für keine gute Lösung und schlug der Teilnehmerin vor, auf schlechte Texte im Interesse der Leser ganz zu verzichten.

Im Redaktionsalltag brauchen Kleintexte vor allem zwei Dinge: Zeit und Respekt.

Zeit. Die Erfahrung aus vielen Redaktionen lehrt, dass Kleintexte oft auf die letzte Minute verschoben werden. Nicht selten übernimmt der Blattmacher einfach als Überschrift, was der Autor im ersten Impuls über seinen Text geschrieben hatte. Als Bildunterschrift wird irgendeine Mischung aus dem Namen der Bilddatei und dem Vor- und Halbwissen des Redakteurs zusammengerührt. Und den Vorspann schreibt der Textchef nebenbei aus Bruchstücken von Informationen, die er hektisch aus dem Text zusammenklaubt.

Größeren Erfolg haben aber jene Zeitschriften und Zeitungen, die sich etwas mehr Zeit nehmen. Bei der BILD-Zeitung wie bei anderen Boulevard-Medien, die sich täglich am Kiosk dem Kampf um den Leser stellen müssen, sind die Überschriften Chefsache. Bei MEN´S HEALTH, bekannt für seinen ironischen und sprachspielerischen Umgang mit Überschriften, ebenfalls. In vielen Redaktionen hülfe es bereits, wenn die Kleintexte im Produktionsprozess nicht erst ganz am Schluss an der Reihe sind. Bewährt hat sich bei Zeitschriften eine Redaktionswand. Das ist eine große Magnet- oder Pinnwand, an die das aktuelle Heft gehängt wird. Redakteure, Grafiker und alle, die Lust haben, treffen sich zu einer Konferenz für Überschriften und Bildunterschriften. Gemeinsam wird geknobelt, welcher Titel am besten über den Text passt. Gerne kann man dabei ein bisschen herumspinnen. Aus der Diskussion ergeben sich oft pfiffige Ideen, auf die man als Redakteur allein kaum gekommen wäre. Bei READER´S DIGEST stammten einige der schönsten Überschriften vom Artdirector, andere von der Chefsekretärin.

Respekt. Wer weiß, wie wichtig Titel, Überschrift und Vorspann sind, wird ihnen ausreichend Respekt entgegenbringen und ihre Formulierung nicht auf den letzten Augenblick verschieben. Diesen Respekt sollten auch andere in der Redaktion aufbringen. So gibt es Blätter, bei denen die Chefredakteure Überschriften und Vorspanne schreiben oder ändern, ohne den Text überhaupt gelesen zu haben. Den Leser neugierig zu machen heißt aber nicht, ihm Dinge zu versprechen, die der Artikel gar nicht einhält, und gerade hierzu kann es bei allzu eigenmächtigen Aktionen der Chefs schnell kommen.

In einer Zeitungs- und Zeitschriftenlandschaft, in der die Konkurrenz immer schärfer wird, sind gute Kleintexte ein Wettbewerbsvorteil. Wer ihnen also etwas Zeit und Respekt opfert, kann mit relativ wenig Aufwand Enormes erreichen.

Online-Medien haben einen Vorteil: Sie können verschiedene Überschriften und Teaser ausprobieren und messen, welche Fassung die höchsten Zugriffsraten erreicht. Mancher Print-Redakteur wird überrascht sein, wie eine neue Überschrift und ein geänderter Teaser die Klickrate eines Artikels in einigen Fällen verdoppelt oder verdreifacht. Er sollte diese Erkenntnis dann auf sein Objekt übertragen.

1.2 Was will uns der Artikel eigentlich sagen? – der Küchenzuruf

Es hört sich an wie eine Binsenweisheit: Ein Artikel sollte einen Sinn haben, eine zentrale Aussage, eine „Message", eine Kernbotschaft oder wie immer man es sonst nennen mag. Jedenfalls muss der Leser, wenn er bei der letzten Zeile angekommen ist, nach jedem Text in ein bis zwei Sätzen sagen können: Das habe ich erfahren! Das habe ich daraus gelernt!

Diese Forderung gilt für alle Texte, die mit dem Leser kommunizieren, das heißt ihm eine Information geben wollen. Sie gilt somit auch für alle Textsorten. So ist bei einer Nachricht die Kernbotschaft die Neuigkeit, die es zu verkünden gilt, etwa: „Bundeshaushalt überschreitet erneut Defizitgrenze des Maastricht-Vertrages." Bei einem Kommentar ist es die zusammengefasste Meinung des Autors, zum Beispiel: „Ich meine, Minister XY sollte zurücktreten, weil er eine Haushaltshilfe schwarz beschäftigt hat." Im Falle einer Reportage ist es das zentrale Erlebnis, etwa: „Bei einer Nacht auf der Notfallstation weiß man nie, ob nur ein paar Platzwunden behandelt werden müssen oder lebensbedrohlich Verletzte eingeliefert werden" oder: „Die jemenitische Wüste ist so heiß, dass selbst die Kamele dürsten". Bei einem Interview ist die zentrale Botschaft, das wichtigste Anliegen des Interviewpartners, zum Beispiel, dass Steuerexperte XY der Ansicht ist, die Steuerpolitik der Regierung sei das reinste Chaos und führe dazu, dass immer mehr Betriebe aus Deutschland abwandern. Selbst eine Glosse hat eine zentrale Botschaft, die sich in ihrer Pointe ausdrückt.

Henri Nannen, Gründer und viele Jahre Herausgeber des STERNS, hat einen sehr anschaulichen Begriff für diese zentrale Botschaft: er verlangte, dass jeder journalistische Text einen Küchenzuruf haben müsse. Frei zusammengefasst lautet die Anekdote dahinter ungefähr so:

Onkel Herbert und Tante Helga gehen am Donnerstag zum Kiosk und kaufen sich die neueste Ausgabe des STERNS. Zuhause angekommen zieht Onkel Herbert die Straßenschuhe aus und schlüpft in die Puschen. Dann geht er ins Wohnzimmer und legt sich auf die Chaiselongue, um in Ruhe in der Illustrierten zu lesen. Tante Helga begibt sich derweil in die Küche und erledigt den Abwasch.

Nachdem Onkel Herbert den ersten Artikel im STERN gelesen hat, ruft er zum Beispiel in die Küche: „Helga, stell dir vor, wenn das mit der Klimaveränderung so weitergeht, liegt Frankfurt in 30 Jahren an der Nordsee!"

Nun mag man, in emanzipierteren Zeiten, die Rollenverteilung umdrehen und Onkel Herbert in die Küche verdammen, während Tante Helga sich es mit dem STERN auf der Chaiselongue gemütlich machen darf. Die Moral von Nannens Geschichte aber bleibt: Jeder Text, der verstanden werden will – und zwar beim ersten Lesen –, braucht einen klaren Küchenzuruf.

Man kann diese Aussage mit zwei verschiedenen Betonungen lesen. Die erste lautet: Jeder Text braucht einen *Küchenzuruf*. Die zentrale Botschaft des Textes muss klar, einsichtig, auf den ersten Blick verständlich und, wenn möglich, originell sein.

Die zweite Betonung ist: Jeder Text braucht *einen* Küchenzuruf. Nicht zwei, nicht drei, nicht vier oder gar noch mehr. Wer mehrere Botschaften zu verkünden hat, schreibe mehrere Artikel oder ergänze seinen Hauptartikel durch Infokästen und andere Zusatzelemente. Im Internet kann er seinen Beitrag mit anderen Artikeln und zusätzlichen Elementen verlinken.

Das bedeutet nicht, dass diese Texte nur eine einzige Information enthalten sollen. Aber alle einzelnen Informationen des Artikels ordnen sich dem Küchenzuruf unter. Was nicht zum Küchenzuruf passt, ihn nicht erläutert, unterstützt oder sich auf ihn bezieht, wird gestrichen!

Der Küchenzuruf ist der Grund, warum ein Autor gerade jetzt diesen Text geschrieben hat. Darum hilft er dem Leser, den Sinn vom Unsinn, das Lesenswerte vom Vernachlässigbaren zu unterscheiden! Wenn der Grund für eine Pressemitteilung nämlich nur ist, dass Firma XY mal wieder gerne in der Presse erwähnt werden möchte, dann wäre diese Pressemitteilung besser ungeschrieben geblieben. Sie hat jedenfalls – unter normalen und journalistisch redlichen Voraussetzungen – keine Chance, zu einer Meldung verarbeitet zu werden. Aber selbst wenn sie aus irgendeinem Grunde (meistens, weil sie von einem Anzeigenkunden stammt) veröffentlicht wird: Gelesen wird sie darum noch lange nicht!

Oftmals lässt sich der Küchenzuruf aus kryptischen Texten durch ein Gespräch mit dem Autor ermitteln. „Ich habe Ihren Text nicht verstanden", wird der Redakteur sagen, „was wollten Sie mir denn damit mitteilen?" „Aber das ist doch sonnenklar. Ich wollte sagen …", und schon formuliert in seiner Empörung der Autor den Küchenzuruf. Jetzt muss ihm nur noch klar werden, dass er nicht jedem Leser einzeln erklären kann, was er eigentlich mit seinem Text gemeint hat. Er sollte vielmehr genau das schreiben, was er dem Redakteur gerade in ein, zwei Sätzen mitgeteilt hat. Nach dem gleichen Prinzip kann man auch vorgehen, wenn es darum geht, eine griffige Überschrift und einen passenden Vorspann zu formulieren.

19

Wann immer man sich als Leser nach der Lektüre eines Artikels die Frage stellt: „Was wollte der Autor mir nun damit sagen?", fehlt dem Text mit ziemlicher Sicherheit ein klarer Küchenzuruf. Und das Gleiche gilt, wenn sich ein Redakteurskollege daran macht, für einen Artikel eine Überschrift und einen Vorspann zu formulieren und er nach einer halben Stunde immer noch nicht weiß, was er schreiben soll. Oft liegt dies nicht an der Unfähigkeit des Redakteurs, sondern daran, dass dem Text eben jener Küchenzuruf fehlt. Denn dieser ist die Arbeitsgrundlage für Überschrift und Vorspann.

Kurz gesagt: Überschrift und Vorspann (im Internet der Teaser) geben den Küchenzuruf des Artikels wieder. Das heißt nicht, dass der Vorspann in einer Zeitschrift oder online schon alles verraten muss, was der Text später erzählen wird – im Gegenteil: In vielen Fällen soll er Lust darauf machen, den ganzen Text zu lesen. Aber die Kleintexte dürfen den Leser nicht in die Irre führen, ihm nicht etwas versprechen, was der Artikel gar nicht hält. Er darf auch nicht ein anderes Thema anschlagen, als der Artikel behandelt. Das Gleiche gilt für die Überschrift. Wenn es anders wäre, hätten es die Redakteure einfach: Sie müssten nur über jeden Artikel das Wort „Sex" schreiben, und schon hätten sie die Aufmerksamkeit der allermeisten Leser gewonnen. Manches Boulevard-Medium arbeitet nach diesem Prinzip. In der Regel macht es uns das Leben aber nicht so leicht.

1.3   Was wirklich interessant ist

Journalisten sind nach einer auf den amerikanischen Journalismusforscher David White zurückgehenden Theorie „gate keeper", also die Schleusenwärter der Information. Sie sind selbst mit einer riesigen Menge an Nachrichten konfrontiert und müssen ständig auswählen, welche Information sie weitergeben und was im Papierkorb, sei er real oder elektronisch, landet. Sie legen dabei, mehr oder weniger bewusst, einen professionellen Maßstab an. Nach ihm wählen sie aus, was die Mediennutzer ihrer Meinung nach interessiert.

Diese Theorie aus dem Jahre 1950 ist heute zum Teil von der Medienwirklichkeit überholt. Das Internet hat sowohl den Zugang zu Informationen als auch den Zugang zu Publikationsmöglichkeiten für viele Menschen geöffnet. Rezipienten können heute zugleich Produzenten von publizistischen Inhalten sein – Nachrichtenblogs sind ein Beispiel für diese Doppelrolle. Bei vielen Internet-Portalen bestimmen die Nutzer inzwischen die Auswahl und die Gewichtung von Informationen mit und ergänzen sie mit eigenem Wissen.

Die Kommunikationswissenschaft stellt diese neue Rollenverteilung vor neue Aufgaben. Sie kann die Rezipienten und die Journalisten nicht mehr getrennt betrachten, sondern muss sich mit deren Interaktion befassen.

Dennoch verliert die bisherige Nachrichtenwert-Forschung nicht an Wert. Letztlich befassten sich Journalisten immer mit der Frage: Was interessiert eigentlich die Leute? Nun, grob zusammengefasst in zehn Kategorien, ungefähr das:

1. Aktualität. Die Neuigkeit einer Nachricht ist noch immer eines der wichtigsten Kriterien. Dabei gilt nicht nur als aktuell, was gerade in diesem Moment passiert ist, sondern auch, was jetzt das Licht der Öffentlichkeit erblickt – selbst wenn es schon vor vielen Jahren geschehen ist, zum Beispiel die frühere Mitarbeit eines Politikers bei der Staatssicherheit der DDR. Dabei unterscheiden sich die Vorstellungen von „aktuell". Für die Pressestelle des Bundessozialgerichts in Kassel mag ein Urteil auch ein halbes Jahr, nachdem es gefällt wurde, noch aktuell sein, weil jetzt die Urteilsbegründung vorliegt. Journalisten sehen dies anders – ein Umstand, der zum Beispiel den ehemaligen Vize-Präsidenten des Gerichts, Professor Otto Ernst Krasney, zunächst sehr verwundert hatte. Bei Journalisten ist eine Meldung, je nach Art des Mediums, nach einer Stunde, nach einem Tag oder auch erst nach Wochen oder Monaten veraltet.

2. Dramatik und die Störung des Alltäglichen. Wenn auf dem Stuttgarter Flughafen täglich rund 180 Maschinen sicher landen, ist dies ein beruhigender Umstand. Aber der Leser der STUTTGARTER ZEITUNG will es sicher nicht jeden Morgen berichtet bekommen. Wenn aber ein Flugzeug übers Rollfeld hinausschießt und die Passagiere über die Notrutschen evakuiert werden müssen, dann will er diese Nachricht sehr wohl in seiner Zeitung finden. Leider zeigt es sich auch, dass schleichende Entwicklungen weniger Aufmerksamkeit auf sich ziehen als plötzliche. Wenn der Bestand an Dorschen in der Ostsee Jahr für Jahr immer geringer wird, interessiert dies nur wenige Menschen. Ein Tankerunglück, dem innerhalb von Stunden hunderte Seevögel ölverklebt zum Opfer fallen, erregt hingegen eine hohe Aufmerksamkeit. Dies gilt selbst dann, wenn der ökologische Schaden objektiv betrachtet für die Dorschpopulation wesentlich größer ist als für die Seevögelpopulation.

3. Superlative und Kuriositäten. Eines der meistverkauften Bücher ist das Guinness-Buch der Rekorde. Zweifelsohne enthält es kaum wirklich relevante Informationen: Was hilft es einem schon im Leben weiter, wenn man weiß, wie lange ein Mann auf einem Bein auf einem Pfahl hockend aushalten kann? Wer ein Handy am weitesten werfen kann? Wer die behaartste Frau der Welt ist? Dennoch ist diese Information für viele Menschen interessant – schlichtweg, weil sie einen Superlativ darstellt. Vor einiger Zeit ging eine Meldung durch das Internet, dass in den USA eine Frau mehrere Jahre auf dem Klo gesessen habe und daran festgewachsen sei. Dabei handelt es sich sicherlich um eine Information, die zum Verständnis weltpolitischer Zusammenhänge wenig beiträgt. Das Interesse der Menschen hatte sie dennoch erregt, denn bereits am nächsten Tag war sie in mehreren tausend Blogs und Foren verlinkt.

4. Exklusivität. Alle Informationen, die ich als Mediennutzer nur aus einer ganz bestimmten Quelle bekommen kann, sind interessant. Das mag das Interview mit dem Lieblingsstar sein oder die Enthüllungsgeschichte über die privaten Geschäfte des Ministers XY. Durch Exklusivität schaffen sich Zeitungen, Zeitschriften, Fernsehsender, Blogs und Radiostationen einen Vorteil.

5. Nutzwert. Alles, was dem Leser konkret weiterhilft, sein Leben schöner und angenehmer zu gestalten, alles, was ihm ermöglicht, etwas schneller, besser, günstiger zu erledigen, erweckt sein Interesse. Viele Zeitschriften leben fast ausschließlich vom Nutzwert. Das reicht von MEIN SCHÖNER GARTEN bis zu MEN´S HEALTH. Sie haben deshalb auf jeder Titelseite Nutzwertversprechen, fast alle Überschriften und Vorspanne versprechen dem Leser schönere Blumen, grünere Rasen, flachere Waschbrettbäuche und besseren Sex. Keine Frauenzeitschrift im niedrigen Preissegment kann es sich leisten, keine Diät auf ihrem Titel zu verkünden. Diesen Nutzwert erwarten die Leserinnen!

6. *Geografische Nähe.* Was in der unmittelbaren Nachbarschaft des Lesers geschieht, interessiert ihn mehr als noch so dramatische Ereignisse in Togo. Ausnahmen sind Katastrophen von Weltrang (Erdbeben, Flutwellen und Ähnliches). Die geografische Nähe ist die Stärke der Lokalzeitungen und lokaler Internet-Auftritte. Leider versäumen es viele dieser Blätter, diese Stärke schon in der Schlagzeile auszuspielen.

7. *Persönliche Betroffenheit.* Wer kennt das nicht: Man leidet gerade an einem schrecklichen Schnupfen und prompt scheinen die Zeitschriften und Zeitungen voll zu sein mit Artikeln über Schnupfen und über gefährliche Krankheiten, die wie Schnupfen daherkommen. Es muss aber gar nicht sein, dass objektiv mehr über Schnupfen geschrieben wird als sonst – der Leser ist nur aufmerksamer und sensibler für das Thema. Solche persönliche Betroffenheit kann auch indirekt sein. Die Tsunami-Katastrophe Weihnachten 2004 im Indischen Ozean hat auch deshalb eine so hohe Aufmerksamkeit genossen (und Spendenbereitschaft erzeugt), weil viele westliche Urlauber diese Länder schon einmal besucht haben oder jemanden kennen, der sie besucht hat. Die Nachricht zur gleichen Zeit, dass der schon Jahre während Bürgerkrieg im Sudan inzwischen rund zehnmal so viele Menschenleben gefordert hatte, ging dagegen völlig unter. Wer war schließlich schon einmal im Südsudan?
Der Redakteur eines Printmediums muss hoffen, dass sein Artikel mehr oder weniger zufällig mit der persönlichen Betroffenheit eines Lesers zusammenfällt. Im Internet kann der Autor davon ausgehen, dass sein Leser in vielen Fällen persönlich betroffen ist. Fast alle Internet-User benutzen Suchmaschinen. Sie suchen also gezielt Artikel, die von Themen handeln, von denen sie im Augenblick betroffen sind. In Vorspann und Teaser muss der Internet-Redakteur den Usern in drei Sekunden klar machen, dass sie bei seinem Artikel genau richtig sind.

8. *Emotion.* Liebe und Hass, Schrecken und Mitgefühl, Freude und Schadenfreude. Wo Gefühle berührt werden, wird eine Geschichte interessant. Die gesamte Yellow Press lebt davon, der BUNTEN geht es richtig gut damit.

Die Hirnforschung kann belegen, dass Menschen sich besser an Informationen erinnern, die ihnen auf emotionale Weise nahegebracht werden.

9. Menschen, Prominenz und Klatsch. Nichts interessiert Menschen mehr als andere Menschen. Dies gilt für Persönlichkeiten im Lokalen ebenso wie für die Hollywood-Prominenz. Und das einzelne Schicksal eines Arbeitslosen ist berührender als jede allgemeine Polemik gegen den Abbau des Sozialstaates, die sich nur aus Statistiken speist. Erneut zeigen Ergebnisse der Hirnforschung, dass Menschen Informationen besser behalten und verarbeiten, wenn sie ihnen in Form von Geschichten präsentiert werden. Geschichten zu erzählen heißt aber nichts anderes, als Menschen agieren zu lassen.

10. Nachrichtenfaktor Sex. Na, wer hätte das gedacht. Sex ist den Menschen so wichtig, dass er sogar einen eigenen Nachrichtenfaktor ausmacht. Ein Artikel, über dem „Sex" steht, wird deutlich häufiger gelesen als ein sexfreier. Wenn Sie aber nicht gerade eine Zeitschrift wie COUPE machen, müssen Sie auf diesen Nachrichtenfaktor leider manchmal verzichten.

Die beiden norwegischen Friedens- (und Kommunikations-)forscher Johan Galtung und Mari Holmboe Ruge führen noch einige andere Nachrichtenfaktoren auf. Dazu gehören:

- *Eindeutigkeit.* Menschen bevorzugen Informationen, die eindeutig sind. Schwarz-weiß-Zeichnungen sind ihnen lieber als eine unklare Gemengelage und komplizierte Interdependenzen. Journalisten müssen also eine verantwortbare Balance finden zwischen Polarisierung und Differenzierung.
- *Kontinuität.* Wenn sowieso schon alle über ein Thema reden, werden neue Informationen dazu begieriger aufgenommen als bei Themen, von denen vorher noch nie die Rede war. Als zum Beispiel die Vogelgrippe-Hysterie in Deutschland ihren Höhepunkt erreichte, war jeder tote Schwan in irgendeinem Dorftümpel eine Spitzenmeldung.
- *Schwellenfaktor.* Das ist so etwas wie eine Residualkategorie. Manchmal findet ein Thema jahrelang keine Beachtung – und plötzlich überschreitet es eine Schwelle und alle Welt redet darüber. Wo diese Schwelle liegt und wann sie überschritten wird, lässt sich dummerweise nicht gut vorhersagen.

Die Nachrichtenwerte helfen nicht nur, den richtigen Ansatz für einen Artikel zu finden. Sie unterstützen den Autor auch dabei, Überschrift und Vorspann so auszuwählen, dass er den Nerv seiner Leser trifft. Dabei muss er Fragen an den Text stellen: Was könnte meinen Leser an diesem Artikel interessieren? Was genau ist der Nachrichtenwert meines Artikels?
Zwei Voraussetzungen gilt es also zu erfüllen:
- Ein Artikel muss einen Küchenzuruf haben.
- Dieser Küchenzuruf muss interessant sein.

Erst wenn diese beiden Voraussetzungen erfüllt sind, geht die Arbeit an Überschrift, Vorspann und Bildunterschrift richtig los.

2 Die Überschrift

Überschriften haben zwei Funktionen: Sie sollen zum einen den Leser in aller Kürze über den Inhalt des Textes informieren; zum anderen sollen sie ihn anregen, den Artikel zu lesen. Welche der beiden Funktionen die größere Rolle spielt, hängt davon ab, um welche Textsorte es sich handelt. Nachrichtliche Texte, also Bericht und Nachricht, sollten in der Regel auch eine nachrichtliche Überschrift haben. Diese Form der Überschrift findet sich gehäuft in Tageszeitungen. Im Internet suchen die meisten User nach Informationen. Sie wollen schnell und ohne Umstände erfahren, ob sie auf das Gesuchte gestoßen sind. Also überwiegt auch hier die nachrichtliche Überschrift. Sie bietet zudem den Vorteil, dass sie bestimmte Schlagworte aus dem Inhalt aufnimmt. Da Suchmaschinen wie Google auf Überschriften stärker reagieren als auf Fließtext, hat der Artikel größere Chancen, im Internet von Leuten gefunden zu werden, die nach genau diesen Informationen suchen.

In Zeitschriften überwiegt die anregende Überschrift. Sie wird deshalb im folgenden als Lesereiz-Überschrift bezeichnet, obgleich sie natürlich auch in Tages- und Wochenzeitungen vorkommt. Sie kann für eher subjektive Darstellungsformen genutzt werden, zum Beispiel bei der Reportage, dem Porträt, der Magazingeschichte oder dem Feuilleton. Im Internet muss man ein paar technische Tricks anwenden, wenn man auf lockende Überschriften nicht verzichten will – trotzdem aber von Suchmaschinen gefunden werden möchte.

2.1 Die nachrichtliche Überschrift

Die klassische Nachricht baut sich nach einer Hierarchie der Wichtigkeit und Wertigkeit auf. Das Wichtigste kommt zuerst, je weiter hinten im Artikel eine Information steht, desto weniger wichtig ist sie nach Ansicht des Autors. Im Vorspann werden die W-Fragen beantwortet, so dass der Leser die Lektüre des Artikels jederzeit beenden kann, ohne über die beschriebene Sache im Dunkeln zu bleiben. Die Nachricht legt keinen Wert darauf, Spannung beim Leser aufzubauen, sondern sie will ihn informieren – so gründlich und so ausführlich, wie er selbst dies wünscht.

Der Aufbau der Nachricht hilft dem Leser, bei der Lektüre möglichst rasch einen Überblick über die Themen zu bekommen. Im eiligsten Fall muss er in der Lage sein, ausschließlich durch die Lektüre der Überschriften zu erfahren, was an dem entsprechenden Tag wichtig war. Im Internet sollte er in der Lage sein, schon anhand der Überschrift zu entscheiden, ob ihn die Suchmaschine zur richtigen Information geleitet hat.

Vom Redakteur verlangt die Nachricht also, dass er sich für eine solche Hierarchie der Wichtigkeit und Wertigkeit entscheidet. Er muss festlegen, was am zu berichtenden Geschehen das Entscheidende ist.

Jede Nachricht und jeder Bericht hat selbstverständlich einen Küchenzuruf. Dieser Küchenzuruf drückt sich in der Überschrift aus. Die Überschrift ist das, was übrig bleibt, wenn man die Nachricht auf ihren Kern schrumpfen lässt. Sie dient dem Leser als Orientierung und klärt ihn darüber auf, was das Wichtigste der Nachricht ist.

Die nachrichtliche Überschrift enthält sich eines Kommentars. Sie sagt, was ist. Sie ist neutral, auch wenn natürlich die Auswahl und Gewichtung immer subjektiv sind – aber eben nicht willkürlich, sondern vom Nachrichtenwert geleitet.

Tarifkonflikt bei der Lufthansa beigelegt

melden zum Beispiel die NÜRNBERGER NACHRICHTEN. Hat der Leser diese Überschrift gelesen, kann er entscheiden:

- „Aha, ich weiß jetzt Bescheid. Ich fahre aber nur Fahrrad. Deshalb muss ich nicht mehr wissen!"
- „Oh, das ist wichtig. Gerade morgen wollte ich meinen Flug mit Lufthansa nach Moskau antreten. Ich sollte einmal nachlesen, ob morgen der Flugverkehr wieder normal läuft."
- „Na also! Als Mitglied der Gewerkschaft der Flugbegleiter muss ich nun unbedingt erfahren, wie sich die Tarifpartner geeinigt haben."

Damit wird bereits deutlich, was die Vor- und Nachteile der nachrichtlichen Überschrift sind:

Der Vorteil ist, dass der Leser sehr schnell informiert ist und den Kern der Nachricht erfasst. Der Nachteil ist, dass der Leser in vielen Fällen die Nachricht schon kennt. Er hat im Radio davon gehört, in den Fernsehnachrichten wurde darüber berichtet, im Internet hat er sich bereits darüber informiert. Andererseits muss er auch einiges Vorwissen besitzen, um die Überschrift verstehen zu können. Hat er vom Streik bei der Lufthansa nichts mitbekommen, wird er die Überschrift nicht verstehen und einordnen können.

Es gibt keinen leichten Ausweg aus diesem Dilemma. In kommunikationswissenschaftlichen Untersuchungen geben die Leser an, sie wünschten sich Nachrichten in ihrer Zeitung (und nicht nur Hintergrund) – selbst wenn sie bereits andernorts darüber erfahren haben. Dummerweise lesen sie diese gewünschten Nachrichten dann allerdings nicht.

Die STUTTGARTER ZEITUNG hat in einer Ausgabe drei nebeneinanderstehende Nachrichten abgedruckt, bei denen jede eine klassische nachrichtliche Überschrift trägt:

Schröder lehnt höhere Mehrwertsteuer ab

Bundestag verschärft Versammlungsrecht

Kurswechsel der USA im Streit mit dem Iran

Wer diese Überschriften gelesen hat, kann entscheiden, ob ihn der neue Irankurs der USA, das verschärfte Versammlungsrecht oder die Mehrwertsteuerdebatte näher interessieren. Wenn ja, kann er weiter lesen; wenn ihm die Sache weniger wichtig ist, ist er durch die rasche Lektüre der Überschriften jedenfalls ausreichend informiert, um zu wissen, was gerade politisch diskutiert wird.

Die ersten beiden Überschriften sind dabei besser als die letzte, da sie durch die Verben aktiver klingen und durch die aktivische Formulierung die handelnden Personen oder Institutionen in den Vordergrund stellen. Die dritte Überschrift hätte also besser gelautet:

USA ändern Kurs im Streit mit dem Iran

Die nachrichtliche Überschrift setzt in gewissem Umfang auf das Vorwissen der Leser. Wenn in der gleichen Ausgabe der STUTTGARTER ZEITUNG steht

Bahnchef stellt sich hinter Stuttgart 21

dann muss der Leser zumindest generell wissen, dass es sich bei „Stuttgart 21" um den geplanten Umbau des Stuttgarter Bahnhofes vom Kopfbahnhof zum Durchgangsbahnhof handelt. Er muss zudem wissen, dass dieses Projekt umstritten ist. Nur so kann er mit der Information, die die Überschrift vermittelt, nämlich dass sich der Bahnchef weiterhin für „Stuttgart 21" ausspricht, etwas anfangen.

Häufig besteht ein Problem darin, dass dem Autor einer Überschrift nur wenig Platz zur Verfügung steht. Er kann also nicht alle Informationen unterbringen, die notwendig sind, um den Sinn ohne Vorwissen zu erfassen.

Aufsichtsrat stimmt Fusion mit Londoner Börse zu

schrieb die FRANKFURTER ALLGEMEINE ZEITUNG über einen Artikel zur später gescheiterten Fusion der Deutschen Börse in Frankfurt mit der Börse in London. Ungeklärt blieb in der Überschrift die Frage, wessen Aufsichtsrat sich nun zustimmend geäußert hat. Diese Frage wurde im ersten Satz der Nachricht beantwortet. Da man aber bei den Lesern des FAZ-Finanzteiles ein entsprechendes Vorwissen voraussetzen kann, ist eine solche Verkürzung in der Überschrift zu tolerieren.

Man muss es ja nicht übertreiben mit der Genauigkeit in der Überschrift, wie es die Stuttgarter Stadtteilzeitschrift S´BLÄTTLE tut:

Der Leiter des Reviers Gutenbergstraße geht in den Ruhestand:

Wolfgang Groß würde sich wünschen, dass die Bürger mehr hinschauen und bei Unregelmäßigkeiten die Polizei einschalten

Die nachrichtliche Überschrift ist die knappste Zusammenfassung des Artikelinhalts. Das bedeutet: Im Artikel muss stehen, was die Überschrift vermeldet. In manchen Fachzeitschriften glauben einige Autoren hingegen, sie müssten Informationen nicht mehr erwähnen, weil sie ja schon in der Überschrift standen. Bei der STUTTGARTER ZEITUNG war es im folgenden Beispiel wohl eher ein Redaktionsunfall:

Linke: Reichensteuer bis zu 65 Prozent

KASSEL (dpa). Der Vorsitzende der Linken, Oskar Lafontaine, hat seine Partei zu einem schärferen Kurs in der Sozialpolitik aufgerufen. Die Linke habe die Politik zwar bereits verändert und für mehr soziale Gerechtigkeit im Land gesorgt, schreibt Lafontaine in einem Papier, das er der Bundestagsfraktion in Kassel zum Auftakt einer zweitägigen Klausurtagung vorlegte. Noch seien die Ergebnisse aber bescheiden, sagte der Partei- und Fraktionschef. Das Arbeitslosengeld für ältere Menschen sei geringfügig verlängert sowie ein Mindestlohn in der Postbranche vereinbart worden. Die Grünen hätten sich von der einst mit der SPD beschlossenen Hartz-Gesetzgebung distanziert.

Schwierig wird es vor allem, wenn Namen oder Abkürzungen in der Überschrift auftauchen. Deutsche Truppen im Ausland zum Beispiel sind Teil multilateraler Streitkräfte, die gerne mit schicken Akronymen benannt werden: UNPROFOR etwa, oder ISAF. Politikredakteure gehen mit diesen Akronymen schlafen. Nicht aber Leser! Den meisten sagen sie nichts, weshalb sie Redakteure lieber vermeiden sollten.

Lebenszeichen von Ingrid Betancourt

lautete einige Wochen vor ihrer Befreiung eine Überschrift in der STUTTGARTER ZEITUNG. Nur ein kleiner Teil der Leser dürfte zu diesem Zeitpunkt etwas mit dem Namen der damals noch entführten kolumbianischen Oppositionspolitikerin anzufangen gewusst haben.

Unabdingbar aber ist, dass die nachrichtliche Überschrift selbst dann den Küchenzuruf der Nachricht wiedergibt, wenn sie die Sache verkürzt. Einfach nur eine inhaltsleere Aneinanderreihung von Stichworten zu liefern, wie hier in der STUTTGARTER ZEITUNG, reicht nicht aus.

McCain, Moses und Paris Hilton

US-Republikaner holt auf

Das gilt auch für Fachzeitschriften, wenn sie über einen Messebericht eine Überschrift setzen, wie hier DIE KÄLTE- UND KLIMATECHNIK:

25. IKK Nürnberg 2004

und

BIV-Lehrertreffen 2004

Solche Überschriften werden wohl kaum einen Leser bewegen, sich mit dem Artikel zu beschäftigen. Zumal die zweite Überschrift noch eine Dachzeile hat:

Indisches Büffet im Elefantenhaus

Und eine Unterzeile:

17. bis 19. Mai 2004, Münster

Ist das wirklich die entscheidende Information, die dem Leser dieser Fachzeitschrift zum Berufsschullehrer-Treffen des Jahres 2004 gegeben werden soll? Haben diejenigen, die diese Veranstaltung nicht besucht haben, wirklich nur ein indisches Abendessen versäumt? In die Überschrift hätte gehört, was der Autor als das wichtigste Ergebnis der Veranstaltung ansieht.

Dabei muss der Journalist auswählen: Er muss aus der Fülle an Information jene nach vorn nehmen – und damit auch in die Überschrift –, von der er glaubt, dass sie seine Leser am meisten interessiert. Entscheidend ist dabei, dass er bewusst die Perspektive des Lesers einnimmt. Oft sind Pressemitteilungen und Agenturmeldungen aus der Perspektive jener geschrieben, die eine Nachricht verbreiten wollen. Die meisten Unternehmen denken bei ihrer Pressearbeit senderbezogen. Das heißt, sie verkünden, was die Firma mitteilen will oder was der Marketing- oder Kommunikationsmanager aus seiner Interessenlage heraus für wichtig hält. Journalisten haben aber die Aufgaben, diese Informationen aus der Sicht ihrer Leser aufzubereiten: Warum sollte der Zeitungs- oder Zeitschriftenkonsument oder der Nutzer meines Internet-Auftritts das lesen? Diese Perspektive gehört in die Überschrift.

Die Überschrift ist bereits der erste Lackmustest für die Qualität eines Artikels. Der Journalist macht in der Überschrift deutlich, was ihm wichtig ist, welche Information aus dem Artikel er für zentral hält. Damit fängt er, bei Nachricht und Bericht, seinen Artikel auch an. Es ist falsch, einfach irgendeine Information im Text zu suchen und diese dann in die Überschrift zu nehmen. Dies geschieht allerdings in der Hektik des Alltags bei vielen Lokalzeitungen. Der Redakteur liest kurz über einen Text, denkt „Wie dumm, ich muss noch eine Überschrift finden" und greift nach irgendeinem Textfragment.

Dennoch Freiheit als Lizenznehmer

Diese Überschrift stand über einem Artikel der Tageszeitung DIE HARKE, der mit dem Satz anfing:

> Nienburg. Christian Eckstein ist neuer Betreiber der McDonald's-Filiale an der Celler Straße in Nienburg.

Das war also der Kern der Nachricht. Der Artikel berichtet dann weiter darüber, wer Christian Eckstein ist, wie es in der Filiale aussieht, welches

Angebot und welche Öffnungszeiten sie hat. Er informiert darüber, dass Franchisenehmer bei McDonald's strengen Auflagen der Konzernzentrale unterliegen. Dann folgt ein Nebensatz:

„(…) sagt Eckstein, der dennoch genügend Bewegungsfreiheit für die eigene Philosophie innerhalb des vorgegebenen Rahmens sieht."

Hierauf also bezieht sich die Überschrift. Für den Leser bleibt sie kryptisch, er kann sie auch nicht durch die Unterzeile entschlüsseln, die bei dem Bericht völlig richtig und knapp zusammenfassend lautet:

Sulinger hat McDonald's Nienburg übernommen und will rund 500.000 Mark investieren

Der einzige Fehler in dieser Unterzeile ist, dass der erste Teil besser im Präsens geschrieben worden wäre. Eine klare und unmissverständliche Überschrift für DIE HARKE (deren Leser wissen, dass Sulingen ein Nachbarort von Nienburg ist) wäre gewesen:

Sulinger übernimmt McDonald's in Nienburg
Neuer Lizenznehmer Christian Eckstein will rund 500.000 Mark investieren

Der Autor kann sich jetzt noch die Frage stellen, ob die Kabbeleien zwischen den Nachbarorten Sulingen und Nienburg ausreichen, um die Leser für den Text zu interessieren. Wenn er die Perspektive der Leser einnimmt, kommt er vielleicht auf eine andere Lösung, die für deren Alltag wichtiger ist. Zum Beispiel:

McDonalds in Nienburg länger geöffnet

Die STUTTGARTER ZEITUNG berichtete über einen Prozess gegen einen Mann, der des Mordes an seiner Freundin angeklagt war. In einem Nebensatz im vorletzten Absatz heißt es, der Täter habe nach eigenen Angaben „die Leiche (seiner Freundin; M. R.) samt den beiden Hunden des Opfers, die ebenfalls umgebracht worden waren, zum Wurzacher Ried geschafft". Der Redakteur setzte über diesen Artikel die Überschrift:

Auch die Hunde des Opfers erschossen

Das ist aber nicht der Küchenzuruf des Artikels, sondern ein Nebensächlichkeit im Zusammenhang des Prozesses. Grundsätzlich sollte man aufmerken, wenn eine Überschrift mit dem Wort „auch" beginnt, denn es deutet darauf hin, dass es neben der Hauptsache „auch" noch einen anderen Aspekt gibt. Der gehört aber nicht in die Überschrift, sondern frühestens in die Unterzeile.

Oft entstehen auch Überschriften, die sich nur jenen Lesern erschließen, die zuvor den Artikel gelesen haben. Was der Redakteur für eine besonders witzige Anspielung hält (in Kenntnis des folgenden Artikels), bleibt für den Leser kryptisch.

Die Bratwurst des Konditors

titelte die WESTDEUTSCHE ZEITUNG über einen Bericht mit dem Vorspann:

AUSBILDUNGSAKTION: Die Krefelder Agentur für Arbeit wirbt für das Ergreifen von Nischenberufen.

Die STUTTGARTER ZEITUNG verwirrte auf der Seite drei ihre Leser mit folgender Überschrift:

Der Bundestag beschließt den Einsatz deutscher Tornados in Afghanistan
Ohne Herbert Wehner stimmen 69 Genossen mit Nein

Warum geistert Herbert Wehner nach seinem Tod noch im Bundestag umher? Erst im Text klärt sich der ziemlich verquere Gedanke auf (unter Wehners Knute hätte es nicht so viele Nein-Stimmen gegeben).

2.2 Dachzeilen und Unterzeilen

Eine einzige Überschrift gibt es in der Tageszeitung in der Regel nur über Meldungen. Berichte und längere Nachrichten haben zusätzliche Elemente.

In den meisten Fällen ist das entweder die Dachzeile oder eine Unterzeile. Einige Zeitungen nutzen beides gleichzeitig. Zu empfehlen ist das nicht: Das Übermaß an Elementen verwirrt den Leser eher.

Auch wenn sie über der Überschrift steht: Der Autor muss bedenken, dass der Leser zuerst die Hauptüberschrift liest, dann erst (wenn überhaupt) die Dachzeile.

Anwälte von Michael Jackson wollen beweisen:
Mutter ist Querulantin

Das obige Beispiel aus SONNTAG AKTUELL ist deshalb eine unglückliche Kombination. Der Leser erfährt zuerst, dass irgendeine Mutter eine Querulantin sei. Diese Erkenntnis hat sich bereits festgesetzt, bevor dem Leser klar wird, dass es sich um einen Vorwurf von Jackson Anwälten in dessen Prozess wegen Kindermissbrauchs handelt. Entgegen der allgemeinen Regel, dass nach einem Doppelpunkt Anführungszeichen bei Zitaten unnötig sind, wären sie hier angebracht gewesen – wegen der Lesereihenfolge der Überschrift.

In der Unterzeile stehen weitere Informationen, die der Autor an der Nachricht für zweitwichtig hält. Es handelt sich aber um zusätzliche Informationen oder Erläuterungen, nicht um eine Wiederholung dessen, was schon die Titelzeile ausdrückt.

Die Dachzeile eignet sich gut, um ein Stichwort zur Einordnung des Themas zu geben. Das bietet sich besonders im Internet an. So hält es deshalb zum Beispiel SPIEGEL ONLINE.

Terrorangst vor Olympia
China verschärft Sicherheitsmaßnahmen

Diese Möglichkeit kann auch von Fachzeitschriften genutzt werden, um die Zahl der Rubriken gering zu halten. Inhaltliche Aussagen hingegen sind wegen der Leserichtung besser in Unterzeilen aufgehoben. Wobei die Unterzeile nicht wiederholen darf, was in der Überschrift bereits steht, wie hier bei der WESTDEUTSCHEN ZEITUNG:

SPD: Parteispitze wirft das Handtuch
Parteichef Peter Knäpper und Vize Angelika Pick werfen das Handtuch
Die Landes-SPD bietet ihre Hilfe an

Zumal die Unterzeile noch missverständlich formuliert ist. Vermutlich bietet die Landes-SPD den beiden Politikern nicht ihre Hilfe beim Handtuch-Werfen an.

Unterzeile und Überschrift dürfen allerdings auch nicht im Widerspruch zueinander stehen, wie hier in der STUTTGARTER ZEITUNG:

Das Ende der Durststrecke kommt jetzt in Sicht
Milchindustrie setzt Preiserhöhungen noch nicht überall durch

Wenn die Preiserhöhungen noch nicht überall durchgesetzt sind, warum ist dann ein Ende der Durststrecke in Sicht? Den Zusammenhang versteht man erst auf den zweiten Blick – und den werfen viele Leser nicht mehr auf den Artikel.

Ähnliches gilt für die ALLGEMEINE HOTEL- UND GASTRONOMIE-ZEITUNG

Kostspieliger Hörgenuss im Solarium
Nicht für jeden Lautsprecher dürfen zusätzliche Gebühren erhoben werden

Die Unterzeile spricht von einer Beschränkung („nicht jeder"), die Überschrift suggeriert zumindest das Gegenteil.

2.3   Typische Fehler bei Überschriften

Bei der Überschrift kann einiges schieflaufen. Eine Reihe von Fehlern kommt immer wieder vor. Sie kann man mit etwas Aufmerksamkeit beim Schreiben und Redigieren vermeiden.
Das Gute an der nachrichtlichen Überschrift ist nämlich, dass sie weniger nach Kreativität als nach ordentlichem Handwerk verlangt. Wer also

keine Fehler macht, hat schon fast eine gute nachrichtliche Überschrift geschafft.

Schlampigkeit

Die Überschrift steht an exponierter Stelle. Wer also aus Unachtsam-
keit einen Schreibfehler in der Überschrift macht, dem traut der Leser
womöglich auch nicht zu, dass seine Informationen im Artikel korrekt
sind.

> ## 1Die Bank bleibt außen vor
> *Wer einen Kredit braucht, kann sich jetzt auch günstig über das Internet Geld bei Privatpersonen borgen*

BERLINER ZEITUNG

Schwarzhalzziegen an steilen Schwarzwaldhängen
DEUTSCHE SCHAFZUCHT

Spaziergang durch Bagdads Grüner Zone
STUTTGARTER ZEITUNG

Die Handycap-Reporter
ROTTENBURGER POST

Griechenlands Lesben und Schule wagen sich vor
FRANKFURTER RUNDSCHAU

Überschriften sollten deshalb vor der Seitenfreigabe noch einmal sorgfältig gelesen werden. Fehler, wie hier ein fehlendes „r", „w" oder ein „z"
statt eines „s", lassen sich nicht immer vermeiden, zumal wenn es schnell
gehen muss. Damit kann man den Nachtredakteur entschuldigen, der in
letzter Sekunde einen Beitrag ins Blatt hebt und bei laufenden Druck-
maschinen noch schnell eine Überschrift finden muss. Diese Entschuldi-
gung gilt aber wohl nicht für den Redakteur der DEUTSCHEN SCHAFZUCHT
(die Tiere heißen Schwarzhalsziegen).

Eine gewisse Sicherheit in der Rechtschreibung kann auch nicht schaden, denn in der ROTTENBURGER POST ging es nicht um Mobiltelefone, sondern um Körperbehinderte („Handicap" war gemeint). Handys kamen in dem Artikel nicht vor.

Der Fehler in der FRANKFURTER RUNDSCHAU lässt sich übrigens neurobiologisch erklären. Leser nehmen in den meisten Fällen nicht die einzelnen Silben wahr, sondern das Wortbild. So übersieht unser Gehirn den Unterschied zwischen „Schwulen" und „Schulen". Das gilt umso mehr, wenn das von den Neurolinguisten so genannte Priming eintritt. Das Wort „Lesben" lässt unser Gehirn das Wort „Schwule" erwarten. Es sieht also keine Notwendigkeit mehr, genau zu lesen.

Welche Lehre sollten Redakteure daraus ziehen? Sie sollten die Wörter in den Überschriften Silbe für Silbe lesen, also „Grie-chen-la-nds Les-ben und Schu...". An dieser Stelle hätte der Korrekturleser den Tippfehler bemerkt.

Da bei Boulevard-Zeitungen die Überschrift durch ihre Größe noch mehr herausgehoben ist, sollte sie sehr sorgfältig gelesen werden, bevor sie in Druck geht, denn auch hier kann einmal ein Buchstabe fehlen:

Studentenwerk ließ Ausländer vetreiben
ABENDZEITUNG

Schlampigkeit muss auch bei der Grammatik vermieden werden. Wer bei der einen oder anderen grammatischen Frage unsicher ist, sollte lieber einmal mehr im Duden nachsehen, als auf gut Glück in der Überschrift etwas Falsches zu schreiben:

Antidiskriminierung: Breite Ablehnung gegen das Gesetz
SPIEGEL ONLINE

Es muss natürlich „des Gesetzes" heißen.
Gelegentlich sind Redakteure offenbar auch damit überfordert, die feinen Unterschiede in den grammatischen Formen bestimmter Wörter zu beachten:

Geisel-Kinder als lebende Schutzschilder
BILD

Der Plural von Schild im Sinne von Hinweisschild oder Verkehrszeichen lautet „Schilder". Hier sind aber „Schilde" gemeint.

In diesem Falle ist der Fehler besonders pikant, weil auf der gegenüberliegenden Seite ein Artikel zur Rechtschreibreform stand, der diese die gesamte Kultur des Abendlandes bedrohen sah.

Ein beliebter Grammatikfehler, der immer häufiger auch in Artikeln auftaucht, ist das fehlende Genitiv-s. Schlampig, und das gleich doppelt, geht dabei folgende Überschrift mit dem Genitiv-s um:

Sachsen Arbeitsamt-Chef sieht keinen Grund zur Entwarnung
LEIPZIGER VOLKSZEITUNG

Grammatisch korrekt kann man nur schreiben: „Sachsens Arbeitsamtschef ...". Die womöglich intendierte Formulierung Sachsen-Arbeitsamt-Chef (mit Bindestrich) klingt ungelenk und schließt sich deshalb aus.

Inzwischen ist sogar der Akkusativ in Gefahr:

SPD beschimpft Bundespräsident
BILD

Hier hätte es selbstverständlich heißen müssen:

SPD beschimpft Bundespräsidenten

Da die Überschrift zur starken Verknappung zwingt, haben sich Formulierungen eingebürgert, die eigentlich grammatisch falsch sind. Sie rühren vom Telegramm-Stil her, klingen aber oft hart und wenig elegant:

Chirac will Volk zu Türkeibeitritt befragen
STUTTGARTER ZEITUNG

Besser läse es sich, hätte der Autor geschrieben:

Chirac will das Volk zum Türkeibeitritt befragen

Während man über das Weglassen des Artikels diskutieren kann, hätte das grammatisch richtige „zum" statt des telegrammartigen „zu" noch problemlos in die Zeile gepasst.

Grundsätzlich ist es natürlich möglich, im Telegrammstil zu formulieren, da die Überschrift eine starke Verkürzung ist. Im Zweifel sollte man sich den Titel laut vorlesen. Klingt er schon beim eigenen Lesen sehr holprig, wird er auch für den fremden Leser zum Stolperstein werden.

Fehler entstehen auch, wenn der Autor der Überschrift den Text nicht genau gelesen hat. Die STUTTGARTER ZEITUNG meldete:

Schwarzenberg geht von Porsche zu Audi

Leider ließ sich dem Text entnehmen, dass der wechselnde Manager Schwarzenbauer heißt.

Es bietet sich an, lieber noch einmal nachzuprüfen, statt sich auf journalistisches Halbwissen zu verlassen. Ein eingeschobenes Zitat in der Zeitschrift WIRTSCHAFT & WEITERBILDUNG macht dies deutlich:

> 99 Moralisch einwandfrei sind Leute doch nur, solange es nicht weh tut! Alle wirklich großen Geister wussten das: Friedrich Schiller, Oskar Wilde, Fjodor Dostojewski, Emanuel Kant ... 66

Der Königsberger Philosoph heißt selbstverständlich Immanuel. Und Oskar Wilde war Ire, weshalb er sich „Oscar" schrieb.

Unkorrektheit

Nicht nur in der Rechtschreibung und Grammatik muss eine Überschrift stimmen, sie muss auch in der Wortwahl und in der Aussage korrekt sein. Vieles wird in Redaktionen hingeschludert und ohne Nachdenken geschrieben. In der Überschrift macht sich solche Gedankenlosigkeit besonders unangenehm bemerkbar. Es kann sogar dazu führen, dass der Sinn einer Überschrift verdreht wird:

Verbände für neue Rechtschreibreform
STUTTGARTER ZEITUNG

Die in der Meldung genannten Verbände sprechen sich aber mitnichten dafür aus, auf die bisherige Rechtschreibreform jetzt noch eine weitere, neue draufzusetzen. Sie haben vielmehr die Rechtschreibreform verteidigt und sich dagegen gewandt, zur alten Rechtschreibung zurückzukehren.

Erste Spieler gestehen Zahlungen
STUTTGARTER ZEITUNG

Diese Überschrift bezieht sich auf einen Wettskandal beim Deutschen Fußballbund. Dabei haben Schiedsrichter und Spieler Bestechungsgelder angenommen und das Ergebnis des Spiels in Sinne ihrer Auftraggeber beeinflusst, so dass diese Wettgewinne kassieren konnten. Die Spieler, auf die sich die Schlagzeile bezieht, gestehen also keine Zahlungen, sondern sie gestehen, Zahlungen erhalten zu haben.

Und nochmals die STUTTGARTER ZEITUNG :

300 Raucher sterben täglich in Deutschland

Diese Überschrift hört sich zunächst korrekt an. Bei genauerem Studium stellt man aber fest, dass sie auf einem falschen Rückschluss fußt. In der dpa-Meldung mit dieser Überschrift war die Rede davon, dass nach Schätzungen von Wissenschaftlern täglich rund 300 Menschen an den Folgen des Rauchens sterben. Raucher insgesamt sterben wohl noch zahlreicher – etwa weil sie überfahren werden oder an Krankheiten, die nichts mit dem Rauchen zu tun haben.

Einen schönen Fall einer nicht korrekten Überschrift glossiert die Fernsehkolumnistin der STUTTGARTER ZEITUNG , Sybille Simon-Zülch:

> „Essgestörte werden jünger'. Da steckt man sich doch als alter Knochen, der man ist, den Finger sofort hoffnungsfroh in den Hals, um das Frühstück wieder herzugeben, wenn man sich dadurch ein paar Jährchen Jugend erbrechen kann."

Immer wieder kann journalistisches Halbwissen einer korrekten Überschrift im Wege stehen. In einer Unterzeile vermeldet die STUTTGARTER ZEITUNG:

> Eine Ausstellung beleuchtet die Ellwanger Hexenprozesse des Mittelalters

Dem Artikel lässt sich entnehmen, dass die Hexenprozesse in Ellwangen zwischen 1588 und 1618 stattfanden, also beim besten Willen nicht mehr im Mittelalter.

Die Boulevard-Zeitung ÖSTERREICH berichtet über die Dreharbeiten zu einem Film über den Hitler-Attentäter Graf Stauffenberg:

Tom Cruise als Film-Nazi

Zwar hat Claus Schenk Graf von Stauffenberg zeitweise in der Tat mit den Nationalsozialisten sympathisiert. Aber ein so hohes historisches Reflexionsniveau steht wohl kaum hinter dieser Überschrift in ÖSTERREICH.

Was in der Überschrift steht, darf die Aussage des Artikels nicht verfälschen oder den Sinn verdrehen:

Kein Geld für Behindertensport

schreibt wiederum die STUTTGARTER ZEITUNG über einen Artikel im Lokalteil. Dessen erster Satz lautet:
„Die Stadt Stuttgart will dem Behindertensportverein Stuttgart trotz dessen Krise vorerst keinen höheren Zuschuss bewilligen."

Es geht also um einen höheren Zuschuss, nicht um gar kein Geld. Korrekt ist, auch wenn diese Form der Verneinung unelegant klingt:

Nicht mehr Geld für Behindertensport

Eine Überschrift sollte nicht soweit verkürzen, dass Behauptungen zu Tatsachen werden.

Stoiber vertraut Hohlmeier
STUTTGARTER ZEITUNG

Woher will die STUTTGARTER ZEITUNG das wissen? Sie weiß es auch nicht. Sie kann nur berichten, dass der damalige Ministerpräsident Edmund Stoiber seiner damaligen Kultusministerin Monika Hohlmeier öffentlich das Vertrauen ausgesprochen hat. Dass es zwischen öffentlicher Erklärung eines Politikers und seinen wirklichen Gedanken eine Diskrepanz geben kann, dürfte bekannt sein.

Was wird wohl der Leser vermuten, der folgende Überschrift in der STUTTGARTER ZEITUNG liest:

„Wir haben ohne Bedenken vergewaltigt"
Japans Regierungschef Abe entschuldigt sich erstmals

Er wird wohl davon ausgehen, dass das Zitat aus der Überschrift von Regierungschef Shinzo Abe stammt. Tut es aber nicht! Es stammt von einem reumütigen Soldaten, der am Ende des Artikels zitiert wird.

Die Neigung, im SPIEGEL-Stil einen Sachverhalt auf ein Wort verkürzen zu wollen, führt gelegentlich zu Missverständnissen:

Clement wehrt sich gegen SPD-Ausschluss

Damit verdreht DIE WELT die Tatsachen: Nicht die SPD wurde irgendwo ausgeschlossen (was das Wort „SPD-Ausschluss" nahelegt), sondern Clement sollte aus der SPD ausgeschlossen werden. Hier hätte ein

Clement wehrt sich gegen Parteiausschluss

noch gut in die Zeile gepasst – in der Hoffnung, dass der Leser Wolfgang Clement der richtigen Partei zuordnet.

Langeweile

Selbst eine nachrichtliche Überschrift darf den Leser nicht langweilen. Sie muss deutlich machen, dass der Artikel zumindest einen Nachrichtenwert hat.

Nichts Neues

schrieb die CELLESCHE ZEITUNG über einen Artikel. Welcher Leser soll da noch weiterlesen? Eine solche Überschrift wäre nur dann erlaubt, wenn alle Welt gespannt auf etwas Neues in einer bestimmten Sache wartete. Dann wäre auch die Meldung, es gebe nichts Neues (zum Beispiel in einem Entführungsfall oder bei Tarifverhandlungen) eine Schlagzeile wert.

Viel zu oft haben wir es aber mit Selbstverständlichkeiten zu tun, die auch dann nicht spannender werden, wenn sie aus dem Munde bekannter Politiker kommen.

Schröder gibt die Wahl noch nicht verloren

schrieb die FRANKFURTER ALLGEMEINE ZEITUNG vor der Bundestagswahl 2002, bei der Schröder erneut antrat. Ja, was soll der Kanzler auch vor einer Wahl verkünden: Dass er sie verloren gibt? Wobei die Zeitung gar nicht wusste, ob Schröder die Wahl nicht doch verloren gegeben hatte, es aber aus naheliegenden Gründen öffentlich nicht zugab.

Ähnlich wenig überraschend ist folgende Überschrift:

Alle Parteien im Wahlkampf / am politischen Aschermittwoch
FRANKFURTER ALLGEMEINE ZEITUNG

Wer hätte das gedacht? Liest man nur die erste Zeile der doppelzeiligen Überschrift, wird die Binse besonders augenfällig:

Alle Parteien im Wahlkampf

Diese Nachricht überrascht vor einer Wahl wirklich niemanden.

Im Lokalressort, das ohnehin oft mit langweiligen Themen zu kämpfen hat, gelingt es dem Redakteur mit einer Überschrift, auch noch den letzten Leser von der Lektüre eines Berichts über eine Weihnachtsfeier abzuhalten:

Adventsgestecke unter Anleitung gefertigt
FREIE PRESSE

Problematisch wird es auch, wenn sich – wie in der Stuttgarter Stadtteilzeitung S´BLÄTTLE – sich die Kleinen zu ganz Großem aufschwingen:

Bezirksvorsteher Reinhard Möhrle zum Jahreswechsel:
Die Zukunft des Westens gestalten

Der Bezirksvorsteher bezog sich übrigens auf den Stadtteil Stuttgart-West.

Überschriften können selbst dann langweilig sein, wenn sie eigentlich aussagen, dass etwas spannend sei:

Jugendfeuerwehr ist spannend
HEIMAT BREGENZ

Schwierig sind Artikelreihen in Zeitschriften. Sie schließen oft den Leser aus, der die Zeitschrift zum ersten Mal in die Hand bekommt. Denn wenn über dem Artikel steht „7. Teil" hat er sechs Teile verpasst. Warum sollte er beim siebten einsteigen? Selbst im Internet, wo ihm vermutlich das Archiv offensteht, wird er möglicherweise vor der Größe der Aufgabe kapitulieren.

Welcher Heizungsbauer wird zum Lesen eines Artikels seiner Fachzeitschrift angeregt, wenn dieser folgende Überschrift hat:

Warmwasserzentralheizung 18. Teil
K&L MAGAZIN

Unverzeihlich ist der Fehler der Langweile, wenn die Nachricht eigentlich etwas Mitteilenswertes enthält:

Pub-Besitzer in Nord-Irland

Unter dieser Überschrift teilte DIE TABAK ZEITUNG mit, dass in nordirischen Pubs künftig ebenso Rauchverbot herrschen soll wie schon in den Pubs der Republik Irland. Das ist doch eine interessante Nachricht, zumindest für die Branche. Warum also diese nichtssagende Überschrift?

Aufpassen sollten Redakteure, dass sie ihren Lesern nicht durch die Formulierung einer Überschrift Langeweile und Mühsal vermitteln, wenn eigentlich ein spannendes Thema folgt.

Am Friedhof sollt ihr uns erkennen
Die Begräbniskultur als Spiegel des gesellschaftlichen Umbruchs
STUTTGARTER ZEITUNG

Die Überschrift ist gut und interessant. Aber die Unterzeile liest sich wie der Titel einer Bachelor-Arbeit. Sie hätte zumindest umformuliert werden müssen:

In der Begräbniskultur spiegelt sich der gesellschaftliche Wandel

Unverständlichkeit
Überschriften dürfen den Leser nicht vor ein Rätsel stellen. Zwei Klassiker der Überforderung, die schon lange in Journalistenseminaren kolportiert werden, sind die folgenden beiden Titelzeilen:

Begnadigung von Jiang Qing möglich, sagt Hu Yaobang
SÜDDEUTSCHE ZEITUNG

Ulusu kandidiert auf der Liste der Sunlap-Partei
FRANKFURTER ALLGEMEINE ZEITUNG

Wer kein intimer Kenner der chinesischen beziehungsweise türkischen Innenpolitik ist, wird diese Überschriften nicht verstehen und nichts damit anfangen können. Grundsätzlich gilt: In die Überschrift gehören keine Begriffe, die der durchschnittliche Leser vermutlich nicht versteht. Was im Text gegebenenfalls erklärt werden kann, bleibt in der Überschrift unverständlich und schreckt den Leser ab.

Die Überschrift in der SÜDDEUTSCHEN hätte zum Beispiel lauten können:

Chinesischer Dissident bald frei?

Verständlichkeit ist auch erstes Gebot, wenn es um fremdsprachige Überschriften geht. In der Regel handelt es sich um englischsprachige Titel – in der Erwartung, dass die Leser heutzutage die englische Sprache ausreichend beherrschen. Diese Annahme ist falsch. Zwar verstehen viele Leser Englisch, aber ob jeder von ihnen fremdsprachige Überschriften korrekt übersetzen kann, darf bezweifelt werden. Einmal ganz abgesehen von der Frage, ob der Redakteur korrektes Englisch beherrscht. Die deutsche Special-Interest-Zeitschrift OUTDOOR (sic!) titelte zum Beispiel

Size matters

Hier wäre es leicht möglich gewesen, zu schreiben:

Größe zählt

Tabu sind auch Überschriften, die Deutsch und Englisch munter mischen („Denglish"):

Wie Coaching ihr Leben pusht

titelte WOMAN. Viele Leser protestieren zu Recht gegen solche deutsch-englischen Phrasen.

Besonderes Vertrauen in die humanistische Bildung seiner Leser hat offensichtlich die Redaktion der Zeitschrift CICERO:

Summum ius – summa inuria

Eine solche Überschrift schreckt ab, zumindest einen Leser ohne Großes Latinum. Auch der Vorspann gibt keine weiteren Aufschlüsse auf die Bedeutung der Überschrift:

Je umfassender der rechtliche Regelungskosmos, desto mehr gerät die Gerechtigkeitsidee unter die Räder, desto mehr verliert das Recht seine ursprüngliche Funktion der Wahrung von rechtlich geschützten Handlungsräumen

Zur Aufklärung: Es handelt sich um ein Cicero-Zitat (aus „De officiis/ Über das pflichtgemäße Handeln"). Übersetzt hätte es eine spannende, für jedermann verständliche Überschrift ergeben:

Höchstes Recht – höchste Ungerechtigkeit

Unverständlichkeiten entstehen, wenn der Leser die Zusammenhänge nicht auf einen Blick erfassen kann. Die STUTTGARTER ZEITUNG schrieb über einen Artikel über ein Treffen von Hillary Clinton und Barack Obama in der Stadt Unity (Einheit):

Im Städtchen „Einheit" gelingt sie

Das ist leider zu umständlich gedacht.

Größte Vorsicht ist bei Namen in der Überschrift angebracht. In der WEST-DEUTSCHEN ZEITUNG war zu lesen:

Arif ist endlich angekommen

Nun, wird sich der Leser gedacht haben, ich wusste gar nicht, dass Arif überhaupt aufgebrochen ist. Und wer ist eigentlich Arif? Dabei handelte es sich um einen sehr interessanten Artikel über einen jungen Mann, der zum

Islam konvertiert war. Dieser Arif hatte das Gefühl, in der ihm gemäßen Religion angekommen zu sein.

Feuilletonisten haben leider eine besondere Neigung zur kryptischen Überschrift.

Albert Speer fällt in den Schnee
Luc Tuymans, Maler wuchtiger Themen, stellt sich als Beckmann-Stiftungsprofessor vor
FRANKFURTER RUNDSCHAU

Was soll uns das sagen? Zumal die Namensgleichheit zwischen Hitlers Reichsrüstungsminister und seinem Sohn, dem zeitgenössischen Architekten, für weitere Verwirrung sorgt.

Der Autor kennt seinen Text und weiß um die Zusammenhänge. Der Leser, der nur mit der Überschrift konfrontiert ist, erfährt aber zum ersten Mal etwas darüber. Deshalb sollte eine Überschrift nicht einen völlig wirren Eindruck vermitteln.

Wüste, das eigene Herz
DIE KIRCHE

ist eine unnötig kryptische Überschrift und liest sich wie gestammelt. Was die Autorin gemeint hat, lässt sich aus dem Text entnehmen. Danach wäre eine Überschrift wie diese möglich gewesen:

(Die) Wüste unseres eigenen Herzens

Eine der wichtigsten Erkenntnisse der Leserforschung lautet: Der Leser mag keine kryptischen Überschriften! Sie veranlassen ihn im Gegenteil, nicht weiterzulesen. Auf keinen Fall denkt er sich: „Das verstehe ich nicht. Deshalb muss ich den Artikel lesen, damit sich mir das Rätsel erschließt."

Deswegen möchte er auch nicht im Internet mit wirren Aussagen konfrontiert werden:

Coca Cola goes Asien
Geschmackssache
Grüner Tee als Global-Aroma: Hühnerfüße und Schweineohren können gegen Kaugummi, Cola und Lutscher nicht mehr anstinken. Wie wir Asien erobern. mehr...
SUEDDEUTSCHE

Übertreibung

Um gehört zu werden unter all den Stimmen, die um den Leser buhlen, neigen Journalisten zu Übertreibung. Sie spitzen einen Sachverhalt so zu, dass zum Schluss etwas Falsches in der Überschrift steht.

Schwatzen ohne Ende – das ist Frauen angeboren
LEIPZIGER VOLKSZEITUNG

Der Artikel bezieht sich auf eine englische Studie, in der das Sprachverhalten von Männern und Frauen untersucht wurde, die die provokante Überschrift nicht deckte.

Auch folgende Überschrift in der BERLINER MORGENPOST ist ein ungerechter Kommentar zu einer Nachricht, die die Aussage nicht deckt. Es ging darum, dass die Neigung zur Erwachsenenbildung in Deutschland niedrig ist. Das mag viele Gründe haben: Kosten zum Beispiel, Gelegenheit oder die Zeit bei steigender Arbeitsbelastung. Jedenfalls ist es keine gute Idee, seinen Lesern Faulheit zu unterstellen:

Deutschlands Erwachsene sind zu faul zum Lernen
Selbst bei der Volkshochschule sinkt die Nachfrage nach Weiterbildung

Vorsicht ist auch geboten, wenn Metaphern besondere Dramatik verheißen, aber die Proportionen des Themas sprengen. Dann kann es schon mal sein, dass dem Autor alles drunter und drüber gerät:

Die Zeitbombe Schulsport tickt vor sich hin
SONNTAG AKTUELL

Der Artikel handelt davon, dass in den Schulen der Sportunterricht immer öfter ausfällt. Das habe zur Folge, dass die Schüler träger und unsportlicher werden. Hier von einer „Zeitbombe" zu reden, ist angesichts terroristischer Anschläge unangemessen. Zudem tickt nicht die Zeitbombe Schulsport, sondern – wenn schon – der ausgefallene Schulsport und seine Folgen, nämlich übergewichtige, unbewegliche Kinder. Und: Etwas, das „vor sich hin" tickt, konterkariert die Dramatik einer Zeitbombe. Zeitbomben ticken nicht „vor sich hin", sie ticken einfach nur.

In der Boulevard-Presse geht man mit Übertreibungen besonders gerne um:

Stefan Mross: Die Wahrheit über die Affäre mit der schönen Jodlerin
NEUE POST

Als „die Wahrheit" erwies sich dann im Artikel, dass ein Freund von Mross erklärte, er könne sich nie und nimmer vorstellen, dass der Volksmusiker eine Affäre mit jener schönen Jodlerin habe.

Überschriften müssen immer korrekt sein. Wenn es jedoch um medizinische Themen geht, insbesondere über die Therapie von schweren Krankheiten, ist die ohnehin gebotene journalistische Sorgfaltspflicht noch zu steigern.

Neue Waffe gegen Hautkrebs
BILD

weckt bei Lesern, die an Hautkrebs erkrankt sind, große Hoffnung. Der Artikel stellt dann klar, dass es sich um das erste Ergebnis eines Testes im Labor handelt. Ein Arzt wird dazu zitiert: „Das Verfahren könnte zu einer neuen Dimension der Therapie führen." Könnte!

Verbrauchte Metaphern

In der Hektik des Alltags kann ein Redakteur nicht immer originell sein. Wenn seine Zeitung oder Zeitschrift nicht gerade Originalität zum Prinzip erhoben hat (wie TITANIC, bei den Überschriften auch MEN´S HEALTH und

AUTO, MOTOR, SPORT oder das Feuilleton der FRANKFURTER ALLGEMEINEN ZEITUNG), sei es ihm verziehen, wenn er über eine Nachricht eine sachliche Überschrift wählt. Das ist nämlich immer noch besser, als eine abgegriffene Metapher zu benutzen. Wenn immer eine Fluggesellschaft in wirtschaftlichen Schwierigkeiten steckt, fällt einem Redakteur mit Sicherheit folgende Überschrift ein:

Iberia hebt einfach nicht ab
STUTTGARTER ZEITUNG

oder

Air Berlin und Condor bleiben am Boden
W&V

oder

Air Berlin hebt nicht ab
INVESTORSINSIDE.DE

oder doch?

Passagierzahlen: Air Berlin hebt ab
FOCUS

Manchmal bleiben auch die Flugzeuge am Boden, aber die Flughäfen steigen auf:

Flughafen-Geschäft hebt ab
DERWESTEN.DE

Die Reifenindustrie regt zu ähnlich klettenhaften Metaphern an:

Pirelli rollte auf Conti zu
DER STANDARD

und

Goodyear gibt Gummi
KFZ-BETRIEB ONLINE

Auch Eisbergspitzen sollten Redakteure vermeiden, denn diese Metapher hat man bis zum Überdruss gehört:

Zwangsheirat ist Spitze des Eisbergs
STUTTGARTER WOCHENBLATT

Beim Wissensmagazin SCINEXX würden zwar die Eisberge aufgrund globaler Erwärmung abschmelzen, die Spitzen aber wohl bleiben:

Globale Erwärmung nur Spitze eines Eisbergs?

Besonders apart ist die Überschrift eines Artikels über Schuppenflechte im Internet-Portal CURADO

Haut nur Spitze des Eisbergs

Falsche Metaphern

Bei Metaphern kann es zu allerlei Unfällen und zu unfreiwillig Komischem kommen. Bevor er eine Metapher niederschreibt, sollte sich der Redakteur genau überlegen, ob das Bild passend ist.

Azaouaghs Knie spaltet Schalke und Mainz
STUTTGARTER ZEITUNG

klingt ziemlich schräg. Eine nette Vorstellung ist auch das Umherschwirren von Lebensmitteln:

Kaffee und Schokolade im Höhenflug
ALLGEMEINE HOTEL- UND GASTRONOMIE-ZEITUNG

Hin und wieder steht der Redakteur vor der Entscheidung, wie weit er gehen kann. Je nach persönlichem Geschmack mag er sich für oder gegen eine Überschrift entscheiden. Der SÜDKURIER entschied sich für folgende Überschrift:

**Was geschickte Hände alles können: Quiltfestival im Milchwerk
Künstler, die an der Nadel hängen**

Hingegen hat die WESTDEUTSCHE ZEITUNG davor zurückgeschreckt, die Augenverletzung eines Polizeibeamten nach einem Angriff durch einen Gewalttäter so zu vermelden:

Angriff auf Auge des Gesetzes

Sie entschieden sich für:

Angriff auf Augen des Polizisten

Die Gefahr besteht auch, dass Metaphern wörtlich genommen werden:

Gefangen in der Latrine

betitelte die FRANKFURTER RUNDSCHAU eine Reportage über die Folgen des Hurrikans „Katrina" in New Orleans. Der Leser konnte also eine Reportage über ein Sturmopfer erwarten, das in einer Latrine eingesperrt die Naturkatastrophe überstand. Es handelte sich aber um eine Metapher: Im Stadion der Stadt, in das sich viele Menschen geflüchtet hatten, verschlechterten sich die hygienischen Verhältnisse. Der Abtransport der Opfer verzögerte sich.

Beliebt ist nach Wahlerfolgen auch das Bild vom „Erdrutsch-Sieg". Zum Beispiel:

**Wahlen in Kambodscha
Regierung verkündete Erdrutsch-Sieg**
SUEDDEUTSCHE.DE

Dies ist Unsinn, weil der Erdrutsch hinab rutschende Erde bezeichnet und deshalb als Bild für deutlich mehr Wählerstimmen nicht passt. Es kann nur eine Erdrutsch-Niederlage geben.

Phrasen

Viele Begriffe aus dem Wörterbuch der Werbung, des Marketings und der Verwaltung sind zu blutleeren Phrasen geworden. Einige Redaktionen haben dazu Verbots-Wörterlisten angelegt, in denen sie Begriffe aufführen, die die Redakteure nicht verwenden sollten, weil sie nichts sagend oder abgegriffen sind.

In der folgenden Überschrift sind gleich drei davon versammelt:

Den neuen Herausforderungen gestellt
Kreativ und innovativ

schreibt die STUTTGARTER ZEITUNG in einer Verlagsbeilage über einen Namensartikel des baden-württembergischen Sparkassenpräsidenten. Es würde verwundern, wenn dieser Artikel von mehr als jenen etwa zwei Dutzend pensionierten Oberstudienräten gelesen worden wäre, die aus Prinzip jeden Artikel ihrer Zeitung lesen – und natürlich vom besagten Sparkassenpräsidenten.

Die Zeitschrift E-GOVERNMENT versprach ihren Lesern:

Mit strategisch-analytischen HR-Lösungen in die Zukunft

Der Informationswert dieser Überschrift liegt bei null. Und die Überschrift

Dauerleuchte
Innovative Befestigungsmöglichkeit
KONSTRUKTIONSPRAXIS.DE

wird dem Leser des Fachportals ebenfalls keine tiefergehenden Einsichten vermitteln.

Marotten

In die deutsche Sprache hat sich eine ganze Reihe von Marotten eingebürgert, die weder ihrer Klarheit noch ihrer Schönheit dienen. Natürlich kann man so schreiben. Aber Journalisten, die noch eine gewisse Verpflichtung zur Sprachpflege verspüren, sollten bestimmten Unsitten entgegenwirken. Während die meisten anderen Fehler, die ich anspreche, durch Ergebnisse der Leserforschung gedeckt sind, handelt es sich bei den Marotten zugegebenermaßen um eine Frage des persönlichen Geschmacks. Ich mache darauf aufmerksam, damit die eine oder andere Redaktion darüber nachdenkt.

So neigen viele Autoren dazu, Aufzählungen durch „& Co" zu vervollständigen. Die Formel, die eigentlich die Mitteilhaber einer Firma bezeichnen soll, ist verführerisch, weil man nur einen (anschaulichen) Begriff nennen muss, um gleich eine ganze Bedeutungsgruppe abzudecken. Es nervt den Leser aber auf Dauer, immer mit den „& Co."s konfrontiert zu werden.

So schützen Sie Ihre Zähne vor Karies & Co
DAS NEUE BLATT

Biene & Co: Das hilft bei Stichen
NEUE POST

Und noch mal in der gleichen Zeitschrift:

Erste Hilfe in der Küche: Schnell handeln bei Verbrennungen und Co

In der COMPUTERBILD lesen wir:

Werbeverbot in Bravo & Co

Gemeint sind Jugendzeitschriften.

Werbeverbot in Jugendzeitschriften

klingt vielleicht langweiliger, ist aber die richtige Überschrift.

Wenn der Redakteur seinem Volontär sagt, er habe eine Sache „perfekt gemacht", kann der mit Recht stolz auf seine Leistung sein. Denn „perfekt" bedeutet, dass etwas tadellos erledigt wurde. Gilt das auch für den brandenburgischen Ministerpräsidenten, dessen Regierung die folgende Titelzeile gewidmet ist?

Koalition in Brandenburg perfekt gemacht
STUTTGARTER ZEITUNG

Und dass es perfekt ist, gilt wohl auch nicht für

Öffentlicher Dienst
Die Tarifeinigung ist perfekt
TAGESSCHAU.DE

und

VW
Scania-Übernahme ist perfekt
MANAGER-MAGAZIN.DE

Gelegentlich finden sich auch Verkürzungen von der Art „Die Steuerreform ist perfekt". Eine Behauptung, der fast jeder Steuerzahler sofort widersprechen würde. Richtig ist: „Die Steuerreform ist abgeschlossen/verabschiedet/tritt in Kraft".

Viele Schreiber nutzen Anführungszeichen als Freischein, um falsche oder nicht treffende Begriffe gebrauchen zu können. Am besten man verzichtet grundsätzlich darauf, durch Anführungszeichen (ironische) Distanz zum gewählten Wort ausdrücken zu wollen. Anführungszeichen, die nicht als Kennung eines Zitates dienen, sagen dem Leser: „Ich, der Autor, habe hier ein Wort verwendet, dessen ich mir nicht sicher bin. Ich war zu faul, das richtige und treffende Wort zu suchen. Damit du aber weißt, dass ich weiß, dass das von mir verwendete Wort falsch oder unzutreffend ist, habe ich es in Anführungszeichen gesetzt."

Opfer der „Bodenreform" abermals gescheitert
FRANKFURTER ALLGEMEINE ZEITUNG

Im Text schreibt der Autor dann von Bodenreform – ohne Anführungszeichen. Der Schreiber wollte wohl klarmachen, dass er die Bodenreform der sowjetischen Besatzer in Ostdeutschland nicht für eine richtige Bodenreform hält. Aber dann hätte er das Wort Enteignungen verwenden können.

In einer Media-Studie des Stuttgarter Motorpresse-Verlages werden oft Anführungszeichen eingesetzt, die völlig unnötig sind.

Running-Markt „trotzt" der Konjunktur

Auf den richtigen „Auftritt" kommt es an – Entscheidungskriterien beim Laufschuhkauf

„Laufende" Entwicklungen: Das Öffnen von Märkten und die „entscheidenden" Zielgruppen

Im Running-Markt „laufen" nicht nur die Schuhe

Das ist nur eine Auswahl aus noch mehr Beispielen in dieser Studie. Sie zeigt, dass die Autorinnen oder die Autoren ihrer Wortwahl nicht getraut haben oder besonders lustig sein wollten. Wer sicher ist, das passende Wort gefunden zu haben, kann auf Anführungszeichen verzichten – auch dann, wenn es sich um ein Wortspiel handelt.

Steht nur ein Wort in Anführungszeichen, geht der Leser fast immer davon aus, dass es sich um eine Distanzierung handelt. Fatal wird dies, wenn eigentlich zitiert wird:

Ein „Volksfreund" geht

schrieb die PFORZHEIMER ZEITUNG zur Verabschiedung des baden-württembergischen Ministerpräsidenten Erwin Teufel. Man könnte denken, die Zeitung zweifle daran, dass Teufel wirklich ein Volksfreund ist und deute an, er sei im Grunde das Gegenteil, ein „Feind des Volkes". In Wirklichkeit zitiert das Blatt aber eine Würdigung durch den früheren Thüringer Ministerpräsidenten Bernhard Vogel.

Die Anführungszeichen funktionieren auch nicht, wenn der in Anführungszeichen gesetzte Begriff als korrekt missverstanden werden könnte:

**Türkei sieht nach dem „Erdbeben" in
Deutschland schwarz für EU-Beitritt**

titelte die Südtiroler Tageszeitung DOLOMITEN.

Der Begriff „Erdbeben" bezieht sich auf die Ankündigung Gerhard Schrö-
ders, nach der Wahlniederlage seiner Partei in Nordrhein-Westfalen im Mai
2005 Bundestagsneuwahlen anzustreben. Für die Leser einer Tageszeitung
in Südtirol ist das aber nicht auf Anhieb erkennbar.

Anführungszeichen sind dann angebracht, wenn es um ein Zitat geht. In diesem Falle sollte allerdings auch nicht darauf verzichtet werden. Die STUTT-
GARTER ZEITUNG war so freundlich, ein Interview mit mir zu führen. In der
Überschrift verzichtete sie auf Anführungszeichen und brachte damit hof-
fentlich nicht zu Ausdruck, was sie von meinen Ausführungen hielt:

Allgemeines Geschwafel

Fit fürs Interview

Klartext reden im Interview fällt vielen

Anglizismen

Anglizismen fressen sich in die deutsche Sprache – auch dort, wo sie sinn-
los sind oder etwas anderes transportieren, als sie aussagen wollen. Sie sind
immer dann unangebracht, wenn der Leser sie missverstehen könnte.

Die Präsidentengattin macht einen guten Job
STUTTGARTER ZEITUNG

ist so ein Anglizismus, die direkte Übersetzung von „she does a good job".
„Job" heißt übersetzt in diesem Falle „Aufgabe", nicht „berufliche Tätigkeit",
wie im Deutschen gebräuchlich. Im Deutschen sagt man deshalb besser:

Die Präsidentengattin macht ihre Sache gut

Die FRANKFURTER RUNDSCHAU kann die Finger nicht von den Anglizismen lassen und kombiniert sie munter

Der Youngster macht einen guten Job

Eine noch missverständlichere Formulierung ist „am Ende des Tages", wenn es sich um eine Übersetzung der englischen Redewendung handelt („at the end of the day"). Sie meint dann nämlich nicht das Ende des Tages, sondern „letztlich". So auch Heidi Klum, als sie via Pressemitteilung von Pro7 den Modelanwärterinnen ihrer Sendung verkündet:

„Am Ende des Tages werdet Ihr andere Menschen sein"

Werbebotschaften

Personalknappheit, Zeitdruck und wirtschaftliche Zwänge in den Redaktionen führen dazu, dass Pressemitteilungen immer öfter unrecherchiert abgedruckt und Marketingbotschaften unkritisch übernommen werden. Trotzdem sollte man sich hüten, Überschriften zu formulieren, die aufs Haar den Werbebotschaften der Anzeigen gleichen. Die Münchner ABENDZEITUNG überschreibt einen Artikel über die Billigfluglinie Hapag-Lloyd-Express (HLX):

Für 19,99 Euro nach Sizilien

So wirbt die Fluglinie auch auf Plakaten. Zur Ehrenrettung der ABENDZEITUNG sei gesagt, dass zumindest im Text die von HLX so bezeichneten „Taxipreise" als „so genannte Taxipreise" auftauchen.

Ironie

Ironie in nachrichtlichen Überschriften ist in aller Regel fehl am Platze. Zum einen ist Ironie das Gegenteil von sachlicher Information. Sie ist immer kommentierend. Zum anderen erwartet sie der Leser an dieser Stelle nicht und könnte sie ernst nehmen.

Nach einer Wahl in Schleswig-Holstein, die eine Mehrheit für Rot-Grün und der Vertretung der dänisch-stämmigen Minderheit, dem Südschleswigschen Wählerverband, ergab (die sich später nicht als Mehrheit erwies), titelte die FRANKFURTER ALLGEMEINE ZEITUNG

> Rot-Grün und SSW in Kiel einig
> **Schleswig-Holstein wird skandinavisch**

Natürlich wird Schleswig-Holstein nicht skandinavisch, selbst wenn die Koalition zustande gekommen wäre und sie nach nordischem Vorbild eine Einheitsschule eingeführt hätte.

Drei Regeln für die nachrichtliche Überschrift

Die nachrichtliche Überschrift muss:

1. den Küchenzuruf der Nachricht oder des Berichts wiedergeben, darf sich also nicht auf Nebenaspekte beziehen. Dabei muss sie unmissverständlich sein.

2. leicht fasslich sein. Der Leser überfliegt eine Überschrift oft nur. Sie darf deshalb weder kompliziert noch mit Fremdwörtern oder Unbekanntem (zum Beispiel fremden Namen) gespickt sein.

3. sprachlich korrekt sein. Inhaltliche und grammatische Fehler sowie Rechtschreibfehler in der Überschrift sind besonders peinlich und beschädigen die Glaubwürdigkeit des Mediums.

2.4 Kleintexte und Suchmaschinen

Wer online veröffentlicht, muss dafür sorgen, dass seine Inhalte auch gefunden werden. Überschriften und Teaser müssen im Internet zwei Suchmaschinen befriedigen:

- den menschlichen Leser, der schnelle Orientierung will, und
- Google, das das Internet mit bestimmten Suchalgorithmen durchkämmt.

Über 90 Prozent der deutschen Internet-Nutzer bedienen sich bei der On-line-Suche der Suchmaschine Google. Suchmaschinenoptimierung (oder SEO für Search Engine Optimizing) bedeutet also im deutschsprachigen Raum, seine Texte so aufzubereiten, dass sie bei Google möglichst weit oben stehen, wenn ein User ein bestimmtes Stichwort eingibt. Wahrgenommen werden von den meisten Nutzern nämlich nur die ersten drei Einträge – übrigens unabhängig davon, ob es sich um genuine Funde oder um Adwords, also bezahlte Anzeigen, handelt.

Google hat nicht per se schlechten Journalismus zur Folge, wie manche Kritiker meinen. Eine Ansicht beruht auf der Auffassung, dass Artikel immer eine witzige, originelle oder lockende Überschrift haben müssten. Das ist aber nicht der Fall: Manchmal wollen Leser nur wissen, worum es in dem Artikel geht und ob er jene Informationen enthält, die sie gerade suchen. Solche nachrichtlichen Kleintexte zu verfassen, ist journalistisches Handwerk, wie es schon seit Jahrzehnten praktiziert wird. Google kann sogar dafür sorgen, dass Journalisten schärfer darüber nachdenken müssen, über was genau sie schreiben und welchen Nutzen Leser aus der Lektüre eines Artikels ziehen können.

Google berücksichtigt Überschriften und Teaser stärker als den Fließtext. Deshalb sollten genau jene Schlüsselbegriffe (Keywords) in den Kleintexten zu finden sein, die der Nutzer in die Suchmaschine eingibt, wenn er bestimmte Informationen benötigt. Welche das sind, kann man mit dem Keyword-Tool (https://adwords.google.de/select/KeywordToolExternal) herausfinden.

In vielen Fällen decken sich die Interessen von Lesern und die Kriterien der Suchmaschine. Die Suchalgorithmen von Google berücksichtigen zum Beispiel über 200 verschiedene Kriterien. So sondert Google Inhalte aus, die offensichtlich nur von woanders kopiert worden sind. Mit anderen Worten: Redaktionen, die Pressemitteilungen unbearbeitet übernehmen, stehen in der Google-Rangliste schlecht da. Ein guter Ansporn für Journalisten und Verlage, originäre Inhalte zu produzieren.

Wenn ein bestimmtes Schlüsselwort in einem Text zu oft wiederholt wird (Keyword-Spaming), stört das nicht nur den Leser. Auch Google erkennt die Absicht und vergibt einen Malus.

Wenn der Inhalt einer Seite gut und interessant ist, sollte man ihn auch entsprechend präsentieren. Der durchschnittliche Nutzer nimmt sich nicht mehr als drei Sekunden Zeit, um zu entscheiden, ob er den angeklickten Fund für relevant hält. Kryptische Überschriften und zu lange, geschwätzige oder wirre Teaser tragen nicht dazu bei, ihn von der Relevanz zu überzeugen.

So gelang es ADAC.DE, einen interessanten Inhalt sowohl vor Suchmaschinen als auch vor menschlichen Nutzern mit Hilfe einer schlechten Überschrift und einem schwachem Teaser gut zu verstecken:

> Auf dem richtigen Weg
> **Kein „sehr gut" aber „immer besser"**
>
> Fast jeder vierte Autofahrer lässt sich bereits von einem elektronischen Lotsen ans Ziel bringen. Der Trend hält an. Der ADAC hat aktuell 13 mobile Navigationsgeräte getestet. Das Ergebnis: Die Geräte werden immer besser, Schwachstellen aber bleiben. mehr...

Weder in der Überschrift noch in der Unterzeile taucht auf, dass es sich um einen Test für Navigationssysteme handelt. Das Wort „Navigationsgerät" erscheint erstmals in der dritten Zeile des Teasers. Noch vor der ersten Erwähnung wurde es durch ein sperriges und überflüssiges Synonym ersetzt („elektronischer Lotse"). Eine Überprüfung mit dem Google-Keyword-Tool zeigt, dass Nutzer fast dreieinhalb Mal so oft nach einem „Navigationssystem" suchen als nach einem „Navigationsgerät". Noch öfter werden „Navis" gesucht. Das Schlüsselwort „Test" findet sich nur in der Form von „getestet".

Eine verbesserte Version ist gar nicht so schwer. Schon in der Überschrift hätte der ADAC die Keywords unterbringen können:

> Auf dem richtigen Weg
> **Test: Navigationssysteme werden immer besser**

Um dann fortzufahren:

> Jeder vierte Autofahrer nutzt bereits ein Navigationssystem, und die Zahl wächst weiter. Der ADAC hat 13 mobile Navigationsgeräte

getetet. Unser Test ergab: Navis werden immer besser, Schwachstellen bleiben aber. Die genauen Ergebnisse hier.

Vor allem Websites, deren Leser zu einem erheblichen Teil über Google kommen, sollten nachrichtliche Überschriften vorziehen.

Wer zum Beispiel bei feuilletonistischen oder narrativen Artikeln nicht auf eine wortspielerische oder originelle Überschrift verzichten will, kann mit einem Trick arbeiten: Die Keywords wandern in eine Dachzeile, deren HTML-Programmierung sie als „Überschrift 1" ausweist. Das, was sich für den Nutzer dank Formatierungsbefehlen als eigentliche Überschrift darstellt, wird in HTML nur als untergeordnete „Überschrift 2" programmiert.

2.5 RSS und andere Kurznachrichten

RSS sind eine Form von Kurznachrichten, die von Webseiten zur Verfügung gestellt werden und die Abonnenten über neue Meldungen auf diesen Seiten informieren. Das Bereitstellen dieser Daten wird als RSS-Feed bezeichnet.

In vielen Fällen werden RSS automatisch von einem Content-Management-System der Redaktion generiert. Meistens handelt es sich um die Überschrift des Artikels. Sollte das so sein, so erfordert es von den Redakteuren besondere Sorgfalt beim Formulieren der Überschrift. Denn was soll ein Internet-Nutzer zum Beispiel mit folgenden Feeds anfangen?

Zufällig gefunden
BRAINLOGS.DE

„Ich bin tief beeindruckt"
SUEDWEST-AKTIV.DE

Beim folgenden Feed wird nicht klar, dass es sich um eine Besprechung des Buches „Der Sortimentsbuchhandel" handelt. Sie erschien auf der Seite mit den Rezensionen des Online-Auftritts des Börsenblatts des Deutschen

Buchhandels. Da aber die RSS automatisch aus der Überschrift generiert werden, fehlt dieser Hinweis – und der Feed hinterlässt den Leser ratlos.

Christian Uhlig: Der Sortimentsbuchhandel
BOERSENBLATT.NET

Werden Feeds von den Redaktionen eigens formuliert, sollte darauf geachtet werden, dass sie nicht zu lang sind. Für die Darstellung beim User steht meistens nur eine begrenzte Anzahl an Zeichen zur Verfügung. Eine Länge von maximal fünfzig Zeichen wie in den folgenden beiden Beispielen ist gut geeignet:

Berlin: Vapiano eröffnet seine dritte Filiale
AHGZ.DE

Man darf davon ausgehen, dass der Leser der Online-Version der Allgemeinen Hotel- und Gastronomie-Zeitung (AHGZ) mit dem Namen der Restaurantkette Vapiano etwas anfangen kann.

E.ON will hunderte Stellen streichen
SPIEGEL.DE

Kritisch anzumerken wäre lediglich, dass SPIEGEL.DE keinen Grund haben sollte, die Firma Eon so zu schreiben, wie sich das irgendwelche Agenturen für viel Geld ausgedacht haben mögen. Das Corporate Design von Konzernen ist deren Problem.

Werden die Feeds zu lange, kann der Leser nur ahnen, um was es eigentlich geht:

Finanzierungsprobleme: Übernahme von Marktf...
FAZ.NET

Kabinettsbeschluss: Mehr deutsche Zivilkräfte f...
ZOOMER.DE

Inzwischen richten auch immer mehr Redaktionen einen SMS-Nachrichtenservice ein oder verbreiten Neuigkeiten über Twitter. Twitter beschränkt dabei die Länge der Botschaften auf 140 Anschläge. Nicht immer ist dabei klar, ob dem Nutzer mit einer solchen Informationsfülle und -dichte geholfen ist. Bei diesen Diensten ist Henri Nannens alter Küchenzuruf in zweierlei Hinsicht sinnvoll:

1. Was über diese Kanäle verbreitet wird, ist der Küchenzuruf einer Geschichte. Mehr geht nicht.

2. Wenn ein Redakteur das Gefühl hat, die Nachricht ist so irrelevant, dass er sie noch nicht einmal in die Küche rufen würde, mag er sich fragen, ob er sie dann in die Welt hinausrufen sollte.

2.6   Die Überschrift im Boulevard

Wenn die FAZ, die SÜDDEUTSCHE, die STUTTGARTER ZEITUNG oder die HESSISCHE-NIEDERSÄCHSISCHE ALLGEMEINE einmal eine gähnend langweilige Überschrift über ihren Aufmacher auf der Seite eins gesetzt haben, ist das bedauerlich. Es wird aber die Auflage dieser Abonnementzeitungen, vermutlich sogar ihren Einzelverkauf nur unwesentlich schmälern – jedenfalls nicht sofort. Langfristig besteht die Gefahr hingegen schon (siehe: Die Zukunft der Überschrift).

Anders ist das bei Boulevard-Zeitungen, deren Gattungsname nichts anderes als Straßenverkaufszeitung bedeutet. Sie müssen täglich mit ihrer Schlagzeile die Leser überzeugen, 50 Cent oder mehr für das Blatt auf den Tisch zu legen oder in den so genannten stummen Verkäufer zu werfen. In München zum Beispiel werben die ABENDZEITUNG, die BILD-Zeitung und die TZ jeden Tag um Leser, in Berlin sind es BILD, BERLINER KURIER und BZ.

Die häufigsten Zutaten für eine klassische Schlagzeile der Boulevard-Zeitung sind

* Sex
* Prominenz

- Kinder
- Krankheit
- Tiere
- Empörung/Skandal
- Leid
- Verbrechen

Eine ganze Reihe dieser Zutaten hat die Schlagzeile

Dieter Bohlen singt Mädchen aus Koma
BILD

Hier geht es um Prominenz, Krankheit und ein Kind. Zugleich wird deutlich, wie Boulevard-Medien eine Aussage auf die Spitze treiben – und in der Überschrift in aller Regel mehr suggerieren, als dahintersteckt. In diesem Falle hatte eine Mutter ihrer Tochter, die im Koma lag, deren Lieblingslied von Dieter Bohlens Band Modern Talking immer wieder vorgespielt. Irgendwann erwachte das Mädchen aus dem Koma. Die Sache lag überdies schon eine Weile zurück. „Erst jetzt – Jahre später – erfuhr Bohlen davon", erfuhr der Leser im Text. Eine alte Geschichte also, mit der Dieter Bohlen nur am Rande zu tun hatte – das ist deutlich weniger spektakulär als uns die Schlagzeile weismachen wollte.

Der gleiche Prominente war in der gleichen Zeitung für eine weitere Schlagzeile gut:

Todesangst! Polizei! Ein Schuss! Dieter Bohlen flieht nackt in den Wald

Hier haben wir es mit Verbrechen, Prominenz und ein bisschen Sex (nackt!) zu tun. Erneut erwies sich die wahre Geschichte dahinter als vergleichsweise harmlos.

Wann immer möglich, kümmert sich der Boulevard darum, dass Sex im Blatt auftaucht, wie hier im KÖLNER EXPRESS

EXPRESS besuchte Porno-Casting

„Sex ist doch ein prima Job"

Lindsay (li.) und Maya (re.) mit einem Casting-Kandidaten.

Anders als bei den nachrichtlichen Überschriften der seriösen Tageszeitungen ist die Schlagzeile in der Boulevard-Presse kommentierend. Dies wird daran deutlich, dass die Autoren wertende Begriffe verwenden.

Justiz-Minister knallt durch: Fußfesseln für Arbeitlose
BILD

Dass der Minister mit diesem Vorschlag durchgeknallt sei, ist zwar naheliegend, aber eindeutig eine Wertung. Zudem zeigt das Beispiel, dass in der Boulevard-Überschrift auch mit umgangssprachlichen Formulierungen gearbeitet wird, um Unmittelbarkeit und Nähe zum Leser herzustellen.

Noch etwas unterscheidet die Schlagzeilen der Kaufzeitungen von den Überschriften der Abonnementzeitungen: Sie können auch appellativen Charakter haben. Vornehmlich Politiker werden aufgefordert, irgendetwas zu tun oder zu lassen. Boulevard-Medien versuchen dadurch, sich als Stimme des Volkes und Schiedsrichter zu gebärden, der die Teilnehmer des (zum Beispiel politischen) Spiels zur Ordnung ruft.

Schafft endlich mehr Jobs im Job-Center!
BILD

Haut endlich rein, ihr Millionäre!

Mit diesem Appell rief die BILD-Zeitung nach einem schlechten Spiel die deutsche Nationalmannschaft dazu auf, besser und erfolgreicher Fußball zu spielen.

69

Solche Schlagzeilen sollen ausdrücken, was der „einfache Mann auf der Straße" zu einem Vorgang vermutlich sagt.

Überschriften sind immer Ausrufe. Das Bild des Küchenzurufs macht dies ja schon deutlich: Der Kern einer Information wird laut in die Küche hineingerufen. Dennoch ist bei ihnen das Ausrufezeichen unüblich – im Grunde könnte es nämlich hinter jeder Überschrift stehen. Ausnahme: Im Boulevard-Journalismus wird häufig mit Ausrufezeichen gearbeitet, um den marktschreierischen Charakter noch zu verstärken. In einer willkürlich ausgewählten Ausgabe der BILD-Zeitung wurden 15 Ausrufezeichen in den Überschriften gezählt.

Im besten Falle gelingt es einer Überschrift in einer Kaufzeitung, die breite Stimmung so genau zu treffen, dass sie selbst zum Thema wird.

Wir sind Papst!

titelte die BILD-Zeitung am Tag nach der Wahl Joseph Kardinal Ratzingers zum Papst. Stolz konnte das Blatt am darauf folgenden Tagen berichten, wie zahlreiche Zeitungen in aller Welt die BILD-Schlagzeile zitiert hatten. Später gab es sogar T-Shirts und Nippes mit dieser Überschrift.

Die Schlagzeilen-Macher des Boulevard-Journalismus bringen oft sprachschöpferische Formulierungen hervor, die sogar in die Umgangssprache eingehen. So hat die BILD-Zeitung das – für eine BILD-Überschrift zu lange – Wort „Schiedsrichter" in „Schiri" abgekürzt. Es ist inzwischen zum viel verwendeten Begriff für den Schiedsrichter geworden. Zugleich betont es eine sprachliche Regel für Überschriften: Der Zeilenmacher sollte Wörter mit möglichst wenig Silben benutzen.

Auch müssen sich die Macher um Anschaulichkeit bemühen, also abstrakte Vorgänge in konkrete Bilder fassen. Die BILD-Zeitung beschrieb den Klima-Wandel so:

Unsere Erde hat Fieber!

Im Boulevard-Journalismus ist es notwendig, Personen und Ereignisse so zu verknüpfen, dass der Leser die Person sofort einordnen und mit etwas ihm Bekannten verknüpfen kann:

Wie hörig war ER [Foto mit Pfeil auf eine männliche Person, M.R.] **der Busen-Macher-Witwe?**

BILD

Die „Busen-Macher-Witwe" ist Tatjana Gsell, deren verstorbener Mann Franz Gsell sich als plastischer Chirurg besonders mit Brustvergrößerungen einen Namen gemacht hatte. In der Verkürzung erfasst der Leser sofort den Zusammenhang und bekommt durch die Art der Formulierung zugleich den Eindruck, dass sich die Geschichte im halbseidenen Milieu abspielt. Bedenklich wird diese Methode, wenn sie Personen betrifft, die sich weniger in die Öffentlichkeit drängen als das Ehepaar Gsell und den Verallgemeinerungen und Überspitzungen der Boulevard-Presse hilflos ausgeliefert sind.

Boulevard-Zeitungen überschreiten oft genug die Grenze zum ethisch (und nicht selten auch juristisch) Erlaubten, um ihre Story auf den gewünschten Punkt zu bringen.

Dieser brave Musiklehrer verfiel ihm [Foto mit eingekreistem Gesicht, M.R.] **Die Sex-Falle des Kannibalen**

BERLINER KURIER

Es geht in dem Artikel um ein Tötungsdelikt, bei dem einem mutmaßlichen Mörder kannibalistische Fantasien nachgesagt werden. Die Ermittlungsbehörden fanden allerdings keine Anzeichen dafür, dass der Mann tatsächlich Leichenteile verspeist hatte, was ihn erst zum Kannibalen gemacht hätte.

Zynisch und aus Sicht eines fairen Journalismus inakzeptabel war deshalb auch die Schlagzeile der BILD-Zeitung zum Prozess gegen den mutmaßlichen Täter:

Er hat schon wieder Hunger!

Sauberer journalistischer Arbeit widerspricht es, wenn eine zugespitzte Behauptung von jemand anderem übernommen wird, ohne sie auf ihren

71

Wahrheitsgehalt zu überprüfen. Der Quellenhinweis entbindet die Redaktion nicht von ihrer Pflicht, nachzurecherchieren.

CDU: Joschka lügt
BZ

Die Schlagzeile beruft sich auf ein Zitat des CDU-Abgeordneten Eckard von Klaeden. Dieser sagte nach einer Anhörung des Bundesaußenministers vor einem Untersuchungsausschuss des Bundestages, er habe – nach gesundem Menschenverstand – das Gefühl, dass Außenminister Fischer lüge. Um so zur Schlagzeile zu werden, sollte ein Artikel allerdings etwas mehr bieten als die Ahnung eines Oppositionsabgeordneten.

2.7   Die Überschrift als Leseanreiz

Was hier als Leseanreiz-Überschrift bezeichnet wird, gilt auch für die subjektiven Darstellungsformen (Reportage, Feature, Rezension, Essay usw.) in der Tages- oder Wochenzeitung und mit Einschränkungen (siehe Suchmaschinenoptimierung) im Internet.

Es geht um Überschriften, die dem Leser nicht nur oder nicht vornehmlich Orientierung bieten sollen, sondern ihm vor allem einen Anreiz zum Lesen des Artikels verschaffen. Eine Reihe von Beispielen stammt von den Feuilletonseiten, wo fast jeder Artikel zu den subjektiven Darstellungsformen gehört. Sie unterscheiden sich von den nachrichtlichen Texten zum einen durch die mehr und weniger stark kommentierende und bewertende Haltung des Autors. Zum anderen wollen sie den Leser nicht nur informieren, sondern ihn auch durch eine Textdramaturgie fesseln. Wie gesagt: Die Nachricht muss so aufgebaut sein, dass man jederzeit aufhören kann zu lesen – ohne befürchten zu müssen, dass man das Spannendste und Wichtigste verpasst (denn das stand ja am Anfang). Der Magazinartikel, die Reportage oder das Feature hingegen sollten so spannend sein, dass kein Leser vorzeitig aus dem Text aussteigen will.

Dadurch ändert sich der Auftrag an die Überschrift. Die Lesereiz-Überschrift regt den Leser zum Lesen an, indem sie Neugier bei ihm weckt. Sie ist gleichsam ein Lust-Versprechen: das Versprechen nämlich, dass es Lust bereitet, den dazugehörigen Artikel zu lesen. Ein Augenzwinkern, das dem Leser mitteilt: Hier hast du mehr zu erwarten! Komm und lies mich! Dabei setzt sie auf das Unerwartete, Überraschende. Oder sie lockt damit, dass der Artikel Informationen enthält, die das Leben des Lesers erleichtern (Nutzwert).

Inzwischen sind auch viele Tageszeitungen von der rein nachrichtlichen Überschrift abgerückt. Dabei verabschieden sie sich zwar von der journalistischen Regel, dass Nachrichten und Berichte auch in der Überschrift nicht kommentierend sein sollen. Sie gewinnen auf der anderen Seite an Aufmerksamkeit beim Leser, der manche dieser Überschriften mit einem Schmunzeln liest. Viele Jahre war die TAZ berühmt für ihre pfiffigen und keinesfalls neutralen Überschriften.
Als sich Oskar Lafontaine und Gregor Gysi vor der Bundestagswahl 2005 zur Führung der Linkspartei verbündeten, titelte die TAZ:

Vier linke Hände für Deutschland

Die BERLINER ZEITUNG überschrieb ihren Artikel am gleichen Tag mit:

Lafontaine macht rüber

Auf der anderen Seite hält die NEUE ZÜRCHER ZEITUNG entschlossen an der nachrichtlichen, trockenen Überschrift fest – selbst bei Reportagen.

Ungemütliches Nebeneinander in Vitez

schrieb die NZZ über eine eigentlich flott geschriebene Reportage aus dem bosnischen Städtchen Vitez, die mit dieser Überschrift sicher unter Wert verkauft wurde.

Um Überschriften interessant zu machen, steht den Redakteuren eine Reihe von Mitteln zu Verfügung. Man kann, wenn man nach einer Überschrift für einen Artikel sucht, einige dieser Methoden durchprobieren. Nicht immer werden alle Möglichkeiten funktionieren, zumal Vieles vom Layout abhängt und davon, wie viel Platz dem Autor zur Verfügung steht.

Eine Methode, die manchmal auch bei nachrichtlichen Überschriften angewandt werden kann, ist es, mit bestimmten Reizwörtern zu arbeiten. Die Experten sprechen von Trigger-Words. Das stärkste Trigger-Word ist natürlich Sex. Wo immer Sex drüber steht, steigt die Lese- und Klickrate. Das gilt auch für alles, was mit Sex assoziiert werden kann. Die HNA hat einmal eine Online-Überschrift erst mit „Der Wahnsinn: …" eingeleitet, danach mit „Der nackte Wahnsinn: …". Die zweite Version zog wesentlich mehr User an. Auch das seriöse HANDELSBLATT hat online folgende Überschrift verbreitet:

Warenrückgaberecht:
Sex-Spielzeug gebraucht zurück

In dem Artikel ging es nicht nur um Dildos und Gummipuppen, sondern auch um Autoreifen, Hochzeitskleider und Cremes, die Kunden von Online-Versandhäusern benutzt zurückschicken. Aber die Kollegin hat sich wohlweislich nicht für

Autoreifen gebraucht zurück

entschieden.

Auch das Internet-Portal WEB.DE will mit Reizen nicht geizen:

Reizwäsche aus der Bronzezeit
„100.000 Jahre Sex": Eine Ausstellung zeigt, dass die schönste Nebensache der Welt schon immer ein großes Thema war. Was es neben antiken Kondomen noch zu sehen gibt. mehr…

Einige gute Überschriften funktionieren nur oder besser im Zusammenhang mit einer entsprechenden Optik.

Frosch-Perspektiven

schrieb die Anglerzeitschrift BLINKER über einen Artikel, der sich mit dem Angeln mit künstlichen Fröschen befasste. Zu sehen war auf der Doppelseite ein aus der Froschperspektive fotografierter künstlicher Frosch.

Die Welt steht kopf

war der Titel eines doppelseitigen Aufmachers in MOTORRAD über ein besonders gutes Motorrad. Das Aufmacherfoto eines Motorradfahrers auf der entsprechenden Maschine war auf den Kopf gestellt.

Das Layout einer Zeitschrift, besonders bei einem doppelseitigen Aufmacher, zwingt die Autoren eher dazu, Bild und Überschrift zusammen zu betrachten. Da der Leser zuerst das Bild betrachtet, dann meist die Bildunterschrift liest und dann die Überschrift, sollte das eine zum anderen hinführen und einen klaren Bezug herstellen.

Bei Tageszeitungen sollten Journalisten dies ebenso bedenken. Gut gelungen ist dies bei der RHEINISCHE POST

Versöhnliche Gesten in der **Türkei**: Benedikt XVI. betont Hochachtung vor dem Islam

Papst reicht Moslems die Hand

Trotz massiver Proteste im Vorfeld ist Papst Benedikt XVI. in der Türkei freundlich empfangen worden. Ministerpräsident Erdogan begrüßte das Kirchenoberhaupt auf dem Rollfeld des Flughafens in Ankara. Im Gespräch plädierte der Papst für einen EU-Beitritt der Türkei.

Ankara (AFP/KNA) Erdogan hatte erst in letzter Minute zugestimmt, den Papst zu empfangen. Zuvor hatte er seine Abwesenheit mit der Teilnahme an dem erst am Abend beginnenden Nato-Gipfel in Riga begründet. Er habe den Papst um Unterstützung für einen EU-Beitritt der Türkei gebeten und der Pontifex habe geantwortet: „Wir wollen, dass die Türkei Teil der EU ist", sagte Erdogan nach dem 20-minütigen Gespräch.

Nach dem Gespräch mit Erdogan legte Benedikt XVI. einen Kranz im Mausoleum von Staatsgründer Atatürk nieder. Anschließend traf er mit seinem schärfsten Kritiker, dem Chef des staatlichen Religionsamtes, Ali Bardakoglu, zusammen, der dem Papst eine „Kreuzfahrermentalität" vorgeworfen hatte.

Nach dem Treffen rief der Papst zu einem „authentischen Dialog auf Basis der Wahrheit" auf. Dieser Dialog müsse die Unterschiede der Religionen respektieren und „anerkennen, was sie gemeinsam haben". Mehrfach unterstrich Benedikt seine Hochachtung gegenüber dem Islam und betonte: „Christen und Muslime gehören der Familie derer an, die an einen Gott glauben." Voraussetzung des Dialogs sei die Religionsfreiheit. Bardakoglu sagte, Religion sei an sich eine Quelle des Friedens. Zugleich kritisierte er, „dass sich in jüngster Zeit eine Islamphobie verbreitet".

Kommentar und Dritte Seite

„Christen und Muslime gehören der Familie derer an, die an einen Gott glauben." Papst Benedikt XVI. mit s schärfsten Kritiker, dem Chef des staatlichen Religionsamtes in Ankara, Ali Bardakoglu.

Ein weiteres gelungenes Beispiel: Der STERN hat ein Porträt des damals noch aktiven Großbäckers Heiner Kamps mit einem Foto des Porträtierten vor langen, mit Brot gefüllten Regalen stehend illustriert. Die Überschrift lautete:

Ein Mann sieht Brot

Dem STERN ist in diesem Beispiel etwas geglückt, was eines der wichtigsten Mittel einer zum Lesen verführenden Überschrift ist: nämlich Wortspiele und Variationen.

Lesereiz-Überschriften machen viele Leser neugierig. Aber nur dann, wenn die Redakteure eine grundlegende Regel der Leserforschung beachten: Wer in der Überschrift mit Lesereizen experimentiert, muss in der Unterzeile oder im Vorspann sachlich, klar und eindeutig sagen, worum es in dem Artikel geht! Eine kryptische Überschrift und eine kryptische Unterzeile oder Vorspann/Teaser veranlassen den Leser nicht zu sagen: „Oh, ich verstehe kein Wort. Was das wohl zu bedeuten hat? Ich werde gleich weiterlesen!" Im Gegenteil: In diesen Fällen steigt der Leser aus!

Die wichtigsten Mittel für eine Lesereiz-Überschrift sind die folgenden:

Wortspiele und Anspielungen

Dabei geht es um die Abwandlung eines bekannten Ausspruchs, eines Film-, Theater- oder Buchtitels oder um eine Anspielung darauf. Es bestehen grundsätzlich zwei Möglichkeiten: Zum einen können die bekannten Worte durch kleine Veränderungen, manchmal genügt ein einziger Buchstabe, einen neuen Reiz bekommen.

Hunde, wollt ihr ewig lesen?
FRANKFURTER ALLGEMEINE ZEITUNG

Jedem Anfang wohnt ein Zaudern inne
STUTTGARTER ZEITUNG

Jenseits von Wut und Böse
GEO

heißt eine Reportage über ein indigenes Volk, das angeblich keine Aggression kennt.

Die Einsamkeit des Langstreckenspielers
FRANKFURTER ALLGEMEINE ZEITUNG

Der unbewegte Mann
JOURNALIST

ist ein Artikel über einen neuen Fernsehsender für Schwule betitelt – der allerdings vorerst nur Texttafeln ausstrahlt.

Zum anderen kann die Überschrift ein bekanntes Wort (Buch-, Film- oder Theatertitel) wörtlich zitieren, es aber in einen ironischen, gebrochenen Zusammenhang stellen.

Ein auslaufendes Modell
DIE ZEIT

ist ein Erfahrungsbericht über Stoffwindeln übertitelt. Im gleichen Blatt trägt ein Dossier über professionelle Sterbebegleiter die Überschrift

Schöner sterben

Bei dieser Überschrift muss man sich natürlich klar darüber sein, dass sie wegen der Ironisierung eines tabuisierten Themas besonders provokant ist.

Hinter tausend Stäben keine Welt
Die Geschichte eines früheren Schwerverbrechers, der für sich den Weg in ein bürgerliches Leben sucht
STUTTGARTER ZEITUNG

Die Zeitung zitiert also aus dem Gedicht „Der Panther" von Rainer Maria Rilke. Selbst wer es nicht erkennt, wird übrigens etwas mit der Überschrift anfangen können.

Der Diener zweier Herren

lautete in der FRANKFURTER ALLGEMEINEN ZEITUNG das Porträt von Georg

Gänswein, dem Privatsekretär des Papstes in Anspielung an das Theaterstück von Carlo Goldoni.

Eine Reportage über den Londoner Vorort Chelsea und seinen erfolgreichen Fußballverein betitelte die WELTWOCHE mit

London, gefühlsecht

Damit kann allerdings nur etwas anfangen, wer die Kondommarke gleichen Namens (aber ohne Komma) kennt. Der Vorspann versuchte denn auch, die sexuelle Anspielung aufzugreifen, was allerdings durch die kryptische Formulierung und die Verwendung schwieriger Fremdwörter misslang:

> Noch 1994 war Chelsea ein Aphrodisiakum für Nekrophile: Kaffee galt als exotisch, über Fußball wurde nur gelallt […]

Manchmal ist die Aussage oder die Variation zu banal, um einen ausreichenden Leseanreiz zu bieten:

Ein Mann – ein Turm
MANAGER MAGAZIN

Der Artikel handelt davon, dass Bahnchef Hartmut Mehdorn in Berlin einen teuren Büroturm am Lehrter Bahnhof bauen will und sich davon trotz Geldsorgen nicht abbringen lässt. Die Anspielung ist zwar naheliegend, aber die Überschrift zündet dennoch nicht, weil sie zu viel Wissen voraussetzt.

Das Wortspiel sollte durch oder im Text aufgegriffen werden, zumindest aber in einer gewissen Logik zum Thema des Artikels stehen. Eine an den Haaren herbeigeholte Anspielung löst eher Verwirrung aus als einen Lesereiz zu schaffen.

Herr der Klingel

überschrieb die COMPUTERBILD einen Artikel über ein Programm für Handy-Klingeltöne. Die Anspielung ist allerdings sehr bemüht und auch nicht durch eine Fotomontage, die den Herrn-der-Ringe-Helden Frodo mit einem Handy zeigt, und dem ebenfalls bemüht sprachironischen Vorspann zu retten:

> Schluss mit dem langweiligen Ringring! Mit dem „Ringtone Maker" können Sie Ihr Handy herrlich klingeln lassen. Da kommt richtig Frodo auf

Wenn die Überschrift eine Sprachspielerei ist, muss die Unterzeile nachrichtlich erläuternd werden, damit der Leser wenigstens jetzt weiß, wovon der Artikel eigentlich handelt. Zwischen Überschrift und Unterzeile muss der Leser zusätzlich einen Bezug herstellen können.

Eine Überschrift kann ein bekanntes Wort in einen neuen, meist ironischen Zusammenhang stellen.

Der blanke Wahnsinn

war ein Artikel in MEN´S HEALTH übertitelt, der sich mit der Intimrasur bei Frauen beschäftigte. Vorsicht: Eine solche Überschrift hat in der MEN´S HEALTH ihren Platz, in einer Lokalzeitung im katholischen Oberfranken wäre sie (nebst Thema des Artikels) natürlich unangebracht.

Die Klippen des Lebens

schrieb das gleiche Magazin über einen Beitrag, der eine Wandertour eines Vaters mit seinem Sohn über Klippen beschrieb. Manchmal funktioniert auch eine Analogie gut:

Symphonie in vier Sätzen

nannte OUTDOOR eine Reportage über eine „Landschaft wie Musik", die, so das Magazin, dem Besucher „vier verschiedene Gesichter" zeigt. Der Artikel war dann entsprechend in vier Teile gegliedert, die der Autor als (musikalische) Sätze beschrieb. Der Küchenzuruf des Artikels war schließlich, dass die beschriebene Landschaft so vielfältig ist. Eine gute Lösung, ein Thema anzupacken, wenn man es nicht auf einen Aspekt reduzieren mag.

Am besten ist es, wenn die Überschrift auch von jenen verstanden werden kann, die eine Anspielung nicht verstehen, weil sie das Buch, den Film oder den anderen Ursprung einer Formulierung nicht kennen.

Rüttgers und Stoiber schreiten Seit' an Seit'

betitelte die WESTDEUTSCHE ZEITUNG einen Bericht über einen Landesparteitag der nordrhein-westfälischen CDU, auf dem der damals noch amtierende CSU-Vorsitzende Edmund Stoiber demonstrative Einigkeit mit dem Ministerpräsidenten Jürgen Rüttgers zeigte. Illustriert war der Bericht mit einem Foto, das Rüttgers und Stoiber nebeneinander schreitend zeigte. Das Pfiffige: Am Ende jedes SPD-Parteitages singen die Delegierten das alte Arbeiterlied „Wann wir schreiten Seit' an Seit'". Wer die Anspielung nicht erkennt (Tests in meinen Seminaren zeigen: die meisten), kann die Überschrift dennoch verstehen. Wer sie erkennt, muss schmunzeln. Beides zu ermöglichen, macht die perfekte Lesereiz-Überschrift aus.

Mein Genom gehört mir

schrieb die FRANKFURTER ALLGEMEINE ZEITUNG über ein Essay, das sich mit den ethischen Grenzen des Klonens beschäftigt. Selbst wer nicht weiß, dass hier auf das Motto der Befürworter der Liberalisierung des Abtreibungsparagrafen 218 der siebziger Jahre des letzten Jahrhunderts in der Diskussion („Mein Bauch gehört mir") angespielt wird, kann mit der Überschrift etwas anfangen.

Die WELT KOMPAKT achtete auf Doppeldeutigkeit bei ihrer Überschrift über einen Bericht zum Zustand der Meere:

Das Meer ist sauer
Lebensraum wandelt sich drastisch – Einige Organismen reagieren langsam, andere dramatisch

Ähnlich die SÜDDEUTSCHE ZEITUNG:

Das alte Testament
Kaiserurenkel verliert Erbstreit vor Bundesgerichtshof

Wer immer eine Überschrift formuliert, sollte dabei berücksichtigen, welchen Bildungshintergrund seine Leser haben. So dürfen die Anspielungen in der FRANKFURTER ALLGEMEINEN ZEITUNG oder in der ZEIT durchaus anspruchsvoller sein als in der PFORZHEIMER ZEITUNG oder der Münchner TZ. Dennoch: Journalisten neigen dazu, ihr persönliches Wissen als Maßstab des Wissens ihrer Leser zu nehmen. Das gilt beim eigenen Maß an Ignoranz, das sie auf den Leser projizieren, ebenso wie bei der Überforderung von Lesern.

Eines langen Sommertages Reise aus der Nacht

titelte die FRANKFURTER ALLGEMEINE ZEITUNG über die Besprechung einer Inszenierung eines Stückes von Jon Fosse. Ein mehrfacher Test unter Volontären in Ausbildungsseminaren ergab, das höchstens zwei von zehn die Anspielung verstanden hatten, nämlich auf das Theaterstück „Eines langen Tages Reise in die Nacht" von Eugene O'Neill.

Bildungsüberheblichkeit und der Wille, viele Anspielungen in eine Überschrift zu packen, führen zu Missgeburten wie dieser:

Die Kulturwelt als Wille zur Vorstellung
Über Flachköpfe und andere Kulturbeflissene: Friedrich Kittler tunkt zur erfrischenden Erklärung der Kulturwissenschaft seinen Sprengkopf ins heilig-nüchterne Wasser
FRANKFURTER ALLGEMEINE ZEITUNG

Das liest sich wie purer Unsinn (und reizt damit wohl kaum zum Weiterlesen), bis man die Anspielungen entschlüsselt hat. Die Überschrift bezieht sich auf Arthur Schopenhauers zentrales Werk „Die Welt als Wille und Vorstellung". Die Unterzeile zitiert aus einem Gedicht von Friedrich Hölderlin („Hälfte des Lebens"): „... trunken von Küssen tunkt ihr das Haupt ins heilignüchterne Wasser". Aber selbst wenn man diese Anspielungen erkennt (in meinem Seminaren etwa fünf von hundert Teilnehmern eine der beiden), versteht man immer noch nicht, worum es in dem Text eigentlich geht. Um es nochmals deutlich zu sagen: Bei solcherart Überschriften steigen die meisten Leser aus!

Unsinn ist es, in einer Überschrift eine Anspielung zu machen, die im Text nicht aufgegriffen wird, mithin ziemlich allein steht und eventuell den Leser in die Irre führt, wie es die Universitätszeitschrift DUZ gemacht hat:

Warten auf Godot?

Der Artikel beklagt, dass die Verordnung über das europäische Gemeinschaftspatent auch nach 30 Jahren noch nicht verabschiedet ist. Eine weitere Anspielung auf Godot kommt darin nicht vor. Die Überschrift ist also völlig unspezifisch. Der Leser erfährt nicht, worum es geht und warum der Artikel für ihn interessant sein könnte. Der Titel des Beckett-Stücks könnte schließlich über jeden Bericht gesetzt werden, der von einer lange dauernden Sache handelt.

Einiger Anspielungen dürften die Leser überdrüssig sein, da sie zu oft gebraucht wurden. Es muss keine 3456. Variation des Filmtitels „Der mit dem Wolf tanzt" geben:

Die mit den Hunden tanzen
WIESBADENER KURIER

Der mit dem Wurm tanzt
BERLINER ZEITUNG

Und auch jenen berühmten Ausspruch von Gorbatschow über das Zuspätkommen haben die Leser wohl zur Genüge gehört:

Wer zu spät kommt, den bestraft die Öffentlichkeit
FRANKFURTER ALLGEMEINE ZEITUNG

Wer zu spät kommt, den bestraft die Börse
MANAGER-MAGAZIN.DE

Wer zu spät kommt, den bestrafen die Versicherungen
KLEINE ZEITUNG GRAZ

Diese Überschrift nötigt den Leser geradezu zum Gähnen, weil er ein altbekanntes Zitat vorfindet, noch dazu verknüpft mit einem vielsilbigen und abstrakten Begriff wie „Öffentlichkeit" oder „Versicherungen".

Langeweile verbreitet auch ein altbekanntes, nicht variiertes Sprichwort. So stand über einem Artikel, der von einem Kurs in interkultureller Kommunikation berichtet:

Andere Länder, andere Sitten
DUZ

Abzuraten ist in den meisten Fällen von Spielereien mit verschiedenen Lesarten. Diese sind nämlich nur auf den zweiten Blick verständlich – einen Blick, den die meisten Leser bei der Überschrift nicht riskieren.

Miss-Verständnis
WELT KOMPAKT

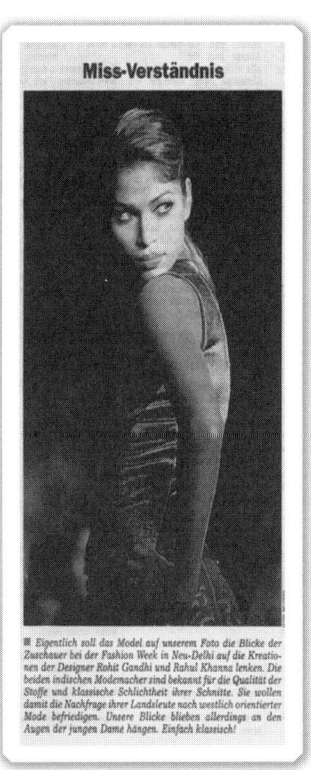

Mühsam muss der Autor im Text erklären, was die Überschrift meint: Eigentlich solle der Betrachter die Mode anschauen, die ein Model trägt. „Unsere Blicke blieben allerdings an den Augen der jungen Dame hängen. Einfach klassisch!" Dies als Missverständnis zu bezeichnen, ist allerdings weit hergeholt – und um einen solchen Doppelsinn müsste es ja eigentlich gehen bei der Überschrift.

Ebenfalls beliebt ist es, Buchstaben in Klammern zu setzen, um zwei Lesarten zu ermöglichen. Wenn der Leser zweimal ansetzen muss, um den Doppelsinn zu verstehen, reagiert er eher abgeschreckt als interessiert, wie bei diesem Artikel über die richtige Sonnencreme:

Hau(p)tsache Sonnencreme
WESTDEUTSCHE ZEITUNG

Es wäre besser gewesen, der Autor hätte auf den Nutzwert gesetzt:

Sonnencremes: Darauf müssen Sie achten

Paradoxien und Gegensätze

Einen besonderen Reiz lösen Überschriften aus, die scheinbar Paradoxes zusammenstellen. Sie verführen den Leser dazu, in den Texte einzusteigen, um die Auflösung des Paradoxons zu finden – falls es nicht zu absurd ist. Oder, in den mehr offensichtlichen Fällen, amüsiert ein gut, möglichst pfiffig formuliertes Paradoxon die Leser.

Die Zunahme nimmt ab

überschrieb die TAZ einen Artikel, der sich mit gebremsten wirtschaftlichen Steigerungsraten befasst. Das Ganze bekommt natürlich eine ironische Tendenz, die man in diesem Fall aber den Lesern zumuten kann.

Die Klassiker der Zukunft
MEN´S HEALTH

Hier allerdings übersieht man beim flüchtigen Lesen leicht die reizvolle Paradoxie: Klassiker sind Dinge, die es schon lange in bewährter Form gibt. Der Artikel befasst sich mit technischen Geräten, die das Potenzial haben, in Zukunft einmal Klassiker zu werden.

Die Zürcher WELTWOCHE dreht eine bekannte Behauptung über die Europäische Union um:

Demokratie gefährdet Europa
Die Gründe der EU-Krise

Auch die STUTTGARTER ZEITUNG hat ein schönes Paradoxon gefunden, das zugleich ein Sprichwort variiert:

Raum ist in der größten Hütte

Es ist reizvoll, in einer Überschrift Gegensätze aufeinanderprallen zu lassen.

Daimler: Die Bosse lachen, die Aktionäre toben
BILD

verspricht, dass es auf der Generalversammlung des Konzerns hoch her ging – und folglich auch der Artikel über die Veranstaltung interessant sein könnte.

Klein, aber riesig teuer
BRAVO GIRL

handelte von den teuren Schmuckstücken, die Stars ihren Kindern schenken.

Reim und Stabreim

Wann immer sich einem Journalisten die Möglichkeit für einen Stabreim eröffnet, wird er zugreifen.

Der Kapitän aus den Karpaten
STUTTGARTER ZEITUNG

ist ein gelungenes Beispiel, weil der Stabreim nicht mühselig gefunden werden musste.

Wo Hunde zögernd Zähne zeigen
RHEINISCHE POST

lässt sich hingegen kaum aussprechen. Ebenso wenig wie eine Überschrift in der JUNGLE WORLD (einer linken deutschen Wochenzeitung), die gleich zwei englischsprachige Wörter kombinierte:

French Fries im Franchise

Da der Artikel keinen Untertitel oder Vorspann hatte, bleibt der Leser zudem im Dunkeln darüber, worum es überhaupt geht.

Beliebt ist der Stabreim vor allem als Dreiklang. Das berühmteste Beispiel ist C. W. Cerams „Roman der Archäologie" von 1949:

Götter, Gräber und Gelehrte

Cerams glänzendes Vorbild hat leider unheilvolle Nachfolger gefunden.

Deutsche EM-Halbfinals
Häme, Himmelsstürmer, Horrorszenen
SPIEGEL.DE

Völlig unverständlich bleibt:

Kassow, Kreppel, Kundenfang
Die Commerzbank inszeniert sich mit dem Privatkundenvorstand als Samstagsbank
SÜDDEUTSCHE ZEITUNG

Zumal ein Norddeutscher nicht unbedingt weiß, was ein Kreppel ist (nämlich ein Berliner) und eigentlich kaum jemand das Vorstandsmitglied der Commerzbank Achim Kassow kennen dürfte.

Blödsinn entsteht, wenn der Stabreim um des Stabreims willen genommen wird:

Pizza, Pasta und Profil
FOCUS MONEY

Der Artikel handelt dann überhaupt nicht von Pizza und Pasta, sondern es geht um Monopole italienischer Unternehmen auf dem heimischen Markt. Die Überschrift spielt also nur mit einem Italien-Klischee. Immerhin hatte der Grafiker dann noch Pizzas als Tortendiagramme benutzt, die Pasta tauchte im Text hingegen nirgendwo mehr auf.

Auch der Endreim eignet sich in manchen Fällen für eine gute Überschrift. Die Anglerzeitung BLINKER titelte über einen Bericht, der die Schwierigkeiten des Angelns unter Brücken beschrieb:

Die Tücken der Brücken

Der Reim drängt sich offenbar auf, denn auch die Zeitschrift HAUSBAU bedient sich seiner:

Die Tücke der Baulücke

Das Aussterben einer Fischart brachte einen Redakteur der SÜDDEUTSCHEN ZEITUNG ebenfalls zum Reimen:

Die Lehre der Meere: In der Ostsee wird der Dorsch knapp

Der Reim schien dem Redakteur nicht zu reichen: Er meinte auch mit „Lehre" (im Sinne von: eine Lehre erteilen) und „Leere" spielen zu müssen.

In der gleichen Zeitung überspannt die folgende Überschrift hingegen den Bogen:

Exegese für Langnese

Der Artikel befasst sich mit arbeitslosen Theologen, die in der freien Wirtschaft unterkommen. Der Autor kann aber nicht davon ausgehen, dass alle seine Leser wissen, was Exegese bedeutet. In welchem Zusammenhang sie mit Langnese steht, bleibt ebenso unklar.

Metaphern

Ähnlich wie bei nachrichtlichen Überschriften, sollten Metaphern in Lesereiz-Überschriften originell sein. Das ist nicht ganz einfach, und ich tue mich seit Jahren schwer, wirklich gute Beispiele dafür zu finden. Dieses hier ist ganz ordentlich (nach einem Gerichtsurteil, das die Bahngewerkschaft am Streik hinderte):

Gericht bremst die Lokführer aus
KIELER NACHRICHTEN

Zitate

Wenn im Artikel eine Person mit einer markanten Äußerung auftritt, bietet es sich an, dieses Zitat als Überschrift zu nehmen. Dies gilt natürlich besonders bei Frage-Antwort-Interviews, die nur aus wörtlicher Rede bestehen. Dabei ist es erlaubt, eine Äußerung grammatisch zu verkürzen, damit sie in den für die Überschrift vorgesehenen Platz passt. Das Zitat darf durch die Verkürzung selbstverständlich nicht verfälscht werden.

Es muss aber als Zitat im Gespräch wirklich gefallen sein. Ein durch Anführungszeichen kenntlich gemachtes Zitat, das in Wirklichkeit nie ausgesprochen wurde, ist eine Täuschung des Lesers.

Zu Besuch bei Benedikt XVI.: „Das ist meine Familie"
NEUE POST

Dieser Text auf der Titelseite der Frauenzeitschrift ist irreführend. Weder war die NEUE POST zu Besuch beim Papst (worunter eine Audienz zu verstehen wäre), noch hat Benedikt XVI. seine Mitarbeiterinnen und Mitarbeiter, die in dem Artikel vorgestellt werden, als „meine Familie" bezeichnet.

Die SPIEGEL-Masche, Zitatfetzen aus dem Text als Überschrift (und als Teil der Bildunterschrift) zu nehmen, sollte ausschließlich dem SPIEGEL vorbehalten bleiben, weil der es sich zur Marke gemacht hat:

Europa
„Da sträubt sich etwas"
SPIEGEL

Darüber ist ein Foto zu sehen, das den damaligen Bundeskanzler Schröder und den türkischen Ministerpräsidenten Erdoğan zeigt. Der Leser könnte also meinen, bei den beiden sträube sich etwas gegen die Aufnahme von Beitrittsverhandlungen der EU mit der Türkei. Das ist aber sachlich nicht richtig. Schröder und Erdoğan sind für Verhandlungen; das Zitat stammte vielmehr von dem nahezu unbekannten Bielefelder SPD-Bundestagsabgeordneten Rainer Wend. (Es lautet vollständig: „In Wahrheit will ein Großteil unserer Basis die Türken nicht dabeihaben. Vom Gefühl her sträubt sich da etwas.")

Nutzwertversprechen

Artikel, die dem Leser das Leben erleichtern, die ihm einen konkreten Nutzen bieten, werden in Zukunft immer wichtiger. Nicht nur Zeitschriften, die sich schon immer mit Tipps an den Verbraucher gewandt haben (GUTER RAT, TEST, MEN´S HEALTH, MEIN SCHÖNER GARTEN und tausende andere), sondern auch Nachrichtenmagazine (FOCUS war hier der Vorreiter), Tageszeitungen und unzählige Internet-Portale bieten inzwischen nutzwertige Artikel.

Im Internet erreichen Downloads, die als Checklisten gekennzeichnet sind, die höchsten Abrufraten. „Tipps" und „Checkliste" sind ohne Zweifel Trigger-Words, die fast so stark wirken wie „Sex" (fast!).

Eine Nutzwert-Überschrift verlangt keine große Formulierkunst – sie muss lediglich gut verständlich und ehrlich sein. Die Botschaft spricht für sich.

So einfach geht's: Richtig düngen
GARTEN SPASS

greift die einfachste Form auf: „So ... schaffen Sie dies und das/passiert dies und jenes etc."

So macht Ihr Training wieder Laune
MEN´S HEALTH

Und in der gleichen Ausgabe gleich noch einmal:

So angeln Sie sich einen Job

Und in einer anderen Zeitschrift:
Arbeiten bis 80? So entkommen Sie der Rentenfalle
MANAGER MAGZIN

Eine andere Form ist es, das genau richtige Verhalten aus einer Fülle von Möglichkeiten zu benennen:

Abnehmen – aber richtig
Ihr Weg zum Idealgewicht
APOTHEKEN UMSCHAU

Der Inhalt dieser Artikel ist im Grunde immer gleich: Sie empfehlen dem Leser und der Leserin, sich gesünder zu ernähren und sich öfter zu bewegen. Trotzdem greifen Käufer immer wieder nach Zeitschriften, die ihnen besagtes Nutzwertversprechen geben.

Die Überschrift kann auch direkt ansprechen, dass der Artikel Tipps gibt:

Klima: Die besten Tipps für Wetterfühlige
APOTHEKEN UMSCHAU

Sie kann suggerieren, dass der Artikel etwas verrät, das vorher verheimlicht worden war:

Was Berater wirklich leisten
Exklusivstudie: McKinsey, Berger & Co. im Praxistest
MANAGER MAGAZIN

Großes Interesse lösen, das zeigt die Leserforschung, Überschriften aus, die mit „Wie Sie …" „Warum …" und „Wo Sie die besten … finden" dem Leser versprechen, dass er etwas erfährt, das er unbedingt wissen sollte oder im Alltag umsetzen kann.

Schiffscontainer
Wie Sie mit klobigen Kisten Geld verdienen können
WIWO.DE

Tests sind dabei ein wichtiges Mittel, dem Nutzwertversprechen Glaubwürdigkeit zu verleihen. Wer mit einem Test in der Überschrift wirbt, sollte allerdings auch einen einigermaßen seriösen Test liefern – sonst wird der enttäuschte Leser beim nächsten Nutzwertversprechen von vornherein abwinken.

FOCUS MONEY bewegt sich mit einem Test fast an der Grenze zum Vertretbaren, denn die Zeitschrift suggeriert Tricks für eine Straftat:

In 22 Tagen fällt das Bankgeheimnis
Steuerflucht
Test: Die ersten Adressen im Ausland

Der Leser, so wird hier angedeutet, möge doch bitte lesen: „Steuerflucht – Die besten Adressen im Ausland".

In der Überschrift über einen Nutzwertartikel kann auch eine Frage gestellt werden, vorausgesetzt, diese Frage wird vom Autor im Text beantwortet:

Wie werde ich im Job cooler?
FREUNDIN

Selbst eine schlichte Aussage kann einen Nutzwerttext einleiten:

Trinken ohne Hygiene-Risiko
MOUNTAIN BIKE

Der Artikel erklärt, wie man vorgehen muss, um seine Trinkblase (das ist ein Trinkbehälter für Radfahrer!) sauber und keimfrei zu halten.

Vor allem Fachzeitschriften, Special-Interest- oder Very-Special-Interest-Titel versuchen, ihren Lesern zu einem Themenkomplex eine möglichst umfassende Information zu geben. Schon in der Überschrift werden die Leser damit gelockt:

BMW – Alles über die Neuen
AUTO – MOTOR – SPORT

Auch Fernsehzeitschriften setzen darauf, dass die Leser Vollständigkeit wünschen:

Alle Filme – Alle Sender

Wichtig ist, dass das Versprechen vom Inhalt auch eingelöst wird. Der Leser ärgert sich, wenn ihm ein umfassendes Dossier verheißen wird – und in der Zeitschrift findet er eine knappe Seite zum Thema.

Zudem sollte man bedenken: Ist das Versprechen vielleicht nicht zu groß? Wer alles über ein sehr umfassendes Thema zu erzählen verspricht, macht sich schnell lächerlich.

Alles über die USA

in einer vierseitigen Reisesonderbeilage ist schlichtweg unmöglich. Dann lieber eine Nummer weniger vollmundig, ohne den Überblickscharakter zu verleugnen:

Chinesische Medizin: Wie sie wirkt, wie sie hilft
GEO

Empathie

Besonders die Yellow Press baut darauf, das Mitgefühl ihrer (vornehmlich) Leserinnen zu wecken.

Diese bittere Enttäuschung verkrafte ich nie
7 TAGE

Diese Überschrift hingegen klingt mehr nach Schulaufsatz – und reizt den Leser nicht zum Weiterlesen:

Papst Johannes Paul II: Das Leben und Wirken einer außergewöhnlichen Persönlichkeit
FREIZEIT REVUE

Auch Jugendzeitschriften versuchen, mit Schicksalsgeschichten Nähe zwischen dem Leser und porträtierten Personen herzustellen:

Anita, 14: „Ich habe unerträgliche Schmerzen"
BRAVO GIRL

Ob die Methode bei dieser Reportage über eine junge Rheuma-Patientin funktioniert, ist allerdings fraglich. Dafür ist die Überschrift zu wenig einladend. Wer hat schon Lust darauf, eine Geschichte über jemanden zu lesen, der unter unerträglichen Schmerzen leidet? Selbst Schmerzpatienten dürften wenig Neigung haben, sich in ihrem Elend auch noch bestätigen zu lassen. Gerade in diesem Zeitschriftensegment, in dem es auf eine emotionale Ansprache der Leser ankommt, sollten die Überschriften Mut machen – selbst wenn dies die Auswahl und die Perspektive der Artikel beeinflusst.

Also etwa:

Anita, 14: So überwand ich meine Schmerzen

oder, falls sich die Geschichte nicht in diese Richtung positiv wenden lässt:

Anita, 14: Das gibt mir Mut, meine Schmerzen zu ertragen

2.8   Die Zukunft der Überschrift

In der ersten Auflage ihres „Handbuchs des Journalismus" von 1996 behaupten Wolf Schneider und Paul-Josef Raue, man könne eine Monopolzeitung mit journalistischen Mitteln nicht kaputt machen. Diese Ansicht haben die beiden Autoren in der zweiten, im Jahre 2003 erschienenen Auflage revidiert: (Chef-)Redakteure können sogar eine Monopolzeitung mit journalistischen Mitteln in den Abgrund stürzen. Einige stehen schon kurz davor. Denn die Leser wandeln sich. Jüngere Menschen fragen sich, warum sie noch eine Tageszeitung lesen sollen, wenn sie Informationen schneller und spezifischer aus dem Internet beziehen können. Es sieht so aus, als ob Generationen heranwachsen, die Informationen nur noch aus dem Internet beziehen. Für die Autoren würde dies bedeuten: Im Netz müssen sie ihre Überschriften (und Teaser) nicht nur für die Leser schreiben. Sie müssen sie auch für die Algorithmen der Suchmaschinen formulieren. Im Kapitel „Kleintexte und Suchmaschinen" habe ich gezeigt, dass dies nicht immer zum Nachteil der journalistischen Qualität ist.

Persönlich wäre ich traurig darüber, wenn in einigen Jahren die Tageszeitung der Vergangenheit angehören sollte. Mir scheint, dass sie eher als die

Internet-Medien in der Lage ist, ihren Lesern einen Überblick zu verschaffen und ihm die Hintergründe des aktuellen Geschehens zu erläutern. Allerdings müssen die Journalisten dort das auch wollen. Viele Tageszeitungen kauen auf ihrer Titelseite heute noch die Internet-Nachrichten vom Vortag durch. Es dominieren nachrichtliche Texte, meistens aus der Innen- oder Außenpolitik, selten aus dem Vermischten oder dem Sport. Einige Blätter bringen auf ihrer ersten Seite inzwischen Lokales und Regionales, aber auch hier vorwiegend in Form von Berichten und Nachrichten. Auch bei vielen Fachzeitschriften dominieren übrigens diese journalistischen Darstellungsformen.

Versuche, die Tageszeitung für jüngere Leser attraktiver zu machen, erschöpfen sich oft darin, die Texte weiter zu kürzen und dafür die Bilder größer zu gestalten. Es kommt zu einer Anpassung der Zeitung an die Optik des Internets. Ein solches Vorgehen gleicht dem Rennen zwischen Hase und Igel – die Zeitung wird das Internet auf diesem Feld nie überholen.

In einer Studie des amerikanischen Readership Institutes zusammen mit der Tageszeitung STAR TRIBUNE aus dem Jahre 2005 fasst das ein Befragter so zusammen: „Ich mag keine Zeitungen, die nur Farbfotos und irgendwelche Nachrichten aus der Populärkultur bringen. Wenn ich diesen Hype will, schalte ich das Fernsehen ein."

Diese Studie hat gezeigt, dass es Mittel gibt, das Interesse junger Leute an der Zeitung zu verdoppeln. Getestet wurde eine Zeitungsvariante, die sich an folgende drei Prinzipien hielt:

- Die Artikel mussten den Lesern Gesprächsstoff für den Alltag geben.
- Die Artikel mussten den Lesern das Gefühl geben, dass sie sich an seinen Interessen orientieren.
- Die Artikel mussten die Leser durch überraschende Meldungen und Humor ansprechen.

Das schlug sich zunächst in der Art der Artikel nieder. Nachrichtliche Texte wurden durch Formen ersetzt, die den Leser direkt ansprechen und seinen Alltag widerspiegeln. Die Zeitung ging deutlich weniger auf Distanz zum Leser als das im klassischen journalistischen Selbstverständnis üblich ist.
Ein Beispiel: In der tatsächlich verbreiteten Ausgabe der STAR TRIBUNE

fand sich ein nachrichtlicher Artikel über DNA-Proben bei Verdächtigen in Minnesota. Es handelte sich um einen Artikel über einen Gesetzesvorschlag, geschrieben in der dritten Person und aus der Perspektive der Politiker des Staates Minnesota. Die Überschrift lautete:

Weitergehendes DNA-Proben-Gesetz vorgeschlagen

Die alternative, bei jungen Lesern erfolgreichere Aufbereitung des gleichen Stoffes las sich im Vorspann dagegen so:

> Wenn Sie demnächst in Minnesota wegen eines Vergehens verhaftet werden, kann es gut sein, dass Sie den Mund weit öffnen müssen – und außer ihren Fingerabdrücken auch eine Speichelprobe lassen müssen.

Die neue Überschrift bricht mit den Geboten der nachrichtlichen Neutralität und setzt auf Anschaulichkeit:

Führerschein, Fahrzeugpapiere und ihre Spucke, bitte

In der Unterzeile wurde dann erläutert:

> Polizisten wollen bei Verdacht DNA-Speichelprobe nehmen können

Ein zweites Beispiel: Die Titelgeschichte einer der getesteten Ausgaben der STAR TRIBUNE befasste sich im klassischen Nachrichtenstil mit einer Europareise von Präsident Bush unter der Überschrift:

Bush aims to repair Alliance

Es ist nicht zu erwarten, dass alle Leser der SUN TRIBUNE wissen, welche „Alliance" gemeint ist (es ging um die Nato). Noch fraglicher ist, ob ein so abstraktes Thema die Mehrheit der Leser überhaupt interessiert. Der Beitrag wurde in der bei jungen Leuten doppelt so erfolgreichen Ausgabe auf die Seite zwei verbannt, aber auf der ersten Seite mit einer wortspielerischen Überschrift angekündigt:

Looking for friends: Bush dines with Chirac over french fries

Die Anspielung mit den „french fries" bezieht sich darauf, dass vor dem Irak-Krieg einige Amerikaner auf die Anti-Kriegshaltung der Franzosen mit der Umbenennung der Pommes Frites („french fries") in „freedom fries" reagiert hatten. Zudem macht diese Überschrift aus einer abstrakten Absicht („Bush will die Allianz erneuern") eine konkrete Handlung (Bush speist mit Chirac zu Abend).

Die Lehre aus dieser und vielen ähnlichen Studien: Überschriften in Tageszeitungen, in Zeitschriften ohnehin, müssen in Zukunft den Leser direkt ansprechen, ihn bildlich, aber eben auch wertend in das Geschehen hineinziehen. Dabei kommt es darauf an, die Perspektive des Lesers einzunehmen.

Natürlich darf die Redaktion dabei nicht stehenbleiben. Diese Art der Überschriften verlangt danach, dass sich die journalistischen Darstellungsformen verändern. Noch zeigen die meisten Studien, dass narrative Darstellungsformen wie Reportage, Porträt und Feature eher in Print als online gelesen werden. Im Netz suchen die Nutzer eher Nachrichten und Informationen ohne Umschweife. Solange dies so ist, muss Print seine Anstrengungen auf genau diese Darstellungsformen richten – von der Überschrift bis zum letzten Satz.

Der STUTTGARTER ZEITUNG ist es bei einem Artikel über das 50-jährige Jubiläum von McDonald's mit einer lautmalerischen Überschrift und einem witzigen Bild gelungen, dem Leser Appetit zumindest auf die Lektüre des folgenden Artikels zu machen.

Raschel, knister, mampf, mampf
Die Burgerkette McDonald´s feiert ihren fünfzigsten Geburtstag –
Kein Wunder, dass uns schlecht ist

Der Leser weiß sofort, dass ihn kein trockener Jubiläumsartikel erwartet, sondern eine ironisch-distanzierte Abrechnung.

Sicher wird niemals jeder Artikel jeden Leser interessieren. Aber warum sollte eine Zeitung oder Zeischrift etwas abdrucken, was für nahezu keinen Leser eine Relevanz hat? Viele Artikel werden damit aus den Zeitungen und Zeitschriften verschwinden, weil sie keine befriedigende Antwort auf die unten genannten Fragen geben. Fast alles, was in den Redaktionen nach dem Motto „Chronistenpflicht" lustlos abgehakt wird, ist im Lichte dieser Fragen überflüssig.

Verschwinden werden zum Beispiel Artikel der Art

Opposition kritisiert Regierung
Regierung weist Vorwürfe der Opposition zurück

Das bedeutet nicht, dass über diese Themen nicht mehr berichtet werden darf. Aber die Artikel dürfen sich nicht am Kommunikationsinteresse der Politiker ausrichten, sondern am Erkenntnisinteresse der Leser.

Ein Beispiel: Die FRANKFURTER ALLGEMEINE SONNTAGSZEITUNG machte (während der rot-grünen Koalition) folgende Überschrift zur Schlagzeile auf der Seite eins:

Terror: Union fordert rasches Handeln

Was sollte die Union sonst fordern? Politiker fordern immer ein rasches Handeln! Welche Erkenntnis soll ein Leser aus einer so nichts sagenden Zeile gewinnen? Warum sollte er dieses Blatt kaufen? Entweder haben Überschriften dieser Art in der Zeitung keine Zukunft – oder die Zeitung hat keine Zukunft.

Zeitung wie Zeitschrift müssen ihre Aufgabe ernster nehmen, den Lesern die Welt und ihre Zusammenhänge zu erklären. Dies bedeutet, den Schritt vom schlichten Konstatieren zum Er- und Aufklären zu gehen.

Stoibers Beißhemmung
Der CSU-Chef zögert, seine Ministerin Hohlmeier zu entlassen
SÜDDEUTSCHE ZEITUNG

bleibt beim Konstatieren einer Situation stehen. Die Unterzeile bekäme einen deutlich größeren Reiz, wenn der Autor zum Erklären überginge – vorausgesetzt, der Artikel kann die Erwartung erfüllen:

Warum der CSU-Chef zögert, seine Ministerin Hohlmeier zu entlassen

Regeln für eine gute Überschrift

Jeder Redakteur sollte sich beim Formulieren der Überschrift fragen:

* Was interessiert meinen Leser?
* Was amüsiert und unterhält ihn?
* Was nützt ihm im Alltag?
* Was bedeutet das, was in dem Artikel steht, für meinen Leser konkret?
* Was soll er wissen, weil es ihn etwas angeht? Und warum geht es ihn etwas an?
* Welchen Bezug hat das Thema zum Alltag des Lesers? Wie stelle ich diesen Bezug heraus?

2.9 Zwischentitel und Zitate

Studien des Leserverhaltens zeigen, dass längere Texte kaum noch zu Ende gelesen werden (oder gar nicht erst angefangen werden), wenn sie keine Zwischentitel oder andere grafische Auflockerungen enthalten. Zwischentitel erfüllen drei Funktionen:

1. Sie dienen dem Leser zur Orientierung. Bei langen Texten liest er erst die Bildunterschriften, dann die Überschrift und den Vorspann und dann die Zwischenzeilen. Sie helfen ihm zu entscheiden, ob er den gesamten Text lesen will oder nicht. Zwischenüberschriften haben somit eine Werbefunktion für den Gesamttext. Langweilige Zwischentitel deuten auf einen langweiligen Text hin. Es gibt Leser, die steigen in einen Artikel an einem Zwischentitel ein und lesen dann den Text unter dem Zwischentitel –

wenn sie diesen für interessant halten, gehen sie erst danach an den Textanfang.

2. Sie erlauben dem Leser einen Moment des Innehaltens. Er kann das im Absatz zuvor Gelesene verdauen, und seine Konzentration kann einen Augenblick pausieren.

3. Sie setzen einen neuen Reiz zum Weiterlesen. Sie versprechen ihm: Jetzt kommt wieder etwas Spannendes, das sich zu lesen lohnt.

Im Internet sind Zwischentitel noch wesentlich wichtiger. Internet-Nutzer scannen einen Text. Sie wollen sich sehr schnell einen Überblick verschaffen, ob die gewünschte Information hier zu finden ist – und wenn ja, an welcher Stelle. Nach zwei bis drei Absätzen sollte deshalb bei Internet-Texten ein Zwischentitel stehen.

Im Redaktionsalltag werden Zwischentitel leider vernachlässigt. Der Redakteur greift wahllos irgendwelche Formulierungen oder Satzfragmente aus dem Text und presst sie in den Zwischentitel. Dabei ist der Zwischentitel der kleine Bruder der Überschrift, eben eine Zwischenüberschrift. Sie funktioniert nach den gleichen Gesetzen wie die Überschrift.

Das heißt zuallererst: Im Zwischentitel steht immer, was im nachfolgenden Textabschnitt kommt – und nie, was im Textabschnitt davor stand! Der Zwischentitel setzt einen neuen Reiz.

Mit aussagelosen Zwischentiteln wie

Alles Spitze

Russisches Fundament
WELTWOCHE

wird dieser Reiz nicht gesetzt. Hingegen erfüllen folgende Zwischentitel aus dem gleichen Blatt den Zweck, neugierig zu machen:

Kurze Rede, langer Sinn

Frühstück mit Prostituierten

Zähmung des Widerspenstigen

Ein bei Zeitschriften beliebtes Mittel, die Seiten aufzulockern, sind Zitate aus dem Text, die in vergrößerter Form herausgegriffen und als Layoutelement verwendet werden. Dabei muss es sich nicht um richtige Zitate der wörtlichen Rede handeln, möglich sind auch interessante Formulierungen aus dem Artikel.

Das Zitat, bei einigen Zeitschriften auch Englisch als „Quote" bekannt, dient, wie alle anderen Arten der Überschrift in Zeitschriften, dem Leseanreiz.

„Wir müssen alle innovativer werden."
MEDIUM MAGAZIN

ist ein ziemlich nichts sagendes Zitat, das dem Leser nur bedeutet, dass der Text vermutlich aus Plattitüden besteht.

„Manche Kunden haben schon skurrile Wünsche"
FREUNDIN

weckt hingegen das Interesse zu erfahren, welche skurrilen Wünsche diese Kunden wohl haben.

Lautlos tritt er hinaus ins Leere und fällt und fällt, während er auf die Kugel in den Hinterkopf gefasst ist.
Tom begann zu weinen: „Ich habe doch die Wahrheit gesagt. O Gott, warum glaubt mir denn keiner?"
READER´S DIGEST

Dieses Zitat steht in einer Geschichte über einen Zeugen eines Gewaltverbrechens, der selbst als Täter verdächtigt wird. So dramatisch kann ein Quote sein – und zugleich für den Leser den spannenden Fortgang der Geschichte deutlich machen. Der Artikel in READER´S DIGEST stimmt zugleich die Quotes mit den Zwischenüberschriften ab, so dass sich der formale Fortgang der Handlung an ihnen ablesen lässt.

Der Überfall

Unter Verdacht

Die Verteidigung

Schuldig!

Zeit der Trauer

Die Strukturierung des Textes durch die Zwischentitel funktioniert allerdings nur im Zusammenhang mit den Quotes. Für sich genommen ist von solchen Strukturüberschriften als Zwischentitel abzuraten, da sie allein kaum Spannung erzeugen. Besser sind Zwischentitel, die Handlung ausdrücken, also zum Beispiel:

Sie hielten ihm eine geladene Waffe an die Schläfe

Niemand glaubte ihm

Sein Anwalt konnte nichts mehr tun

Jede Nacht kamen die Tränen

2.10 Zehn Regeln für die Sprache in der Überschrift

1. Einfachheit siegt. Da der Leser nur wenige Sekunden Zeit hat, den Sinn einer Überschrift zu erfassen, sollte sie sprachlich so einfach wie möglich formuliert sein.

Kurze Wörter mit wenigen Silben sind besser als lange „Silbenschleppzüge", wie sie der Stillehrer Ludwig Reiners nennt; der einfache, anschauliche

Begriff ist dem komplizierten Wort vorzuziehen. Wenn zum Beispiel ein Verein sein neues Jugendhaus-Konzept „Sozialkompetenzentwicklungs-konzept" nennt (wie in einer norddeutschen Kleinstadt geschehen), dann sollte ein solches Wort tunlichst nicht in der Überschrift auftauchen.

Warum man solche Wörter vermeiden sollte, lässt sich im Übrigen auch neurobiologisch erklären: Wörter werden von unserem Gehirn als Bilder abgespeichert. Je vertrauter und einfacher sie sind, desto schneller werden sie erkannt. Komplizierte Wörter müssen zwei-, manchmal dreimal gelesen werden. Eine Mühe, die man dem Leser ersparen sollte.

Auch grammatisch kann man viele Dinge klarer und einfacher formulie-ren als es häufig geschieht. Dabei gilt: Je konkreter, desto besser. Wer von seinen Lesern hohe Abstraktionsleistungen beim Studium der Überschrift verlangt, riskiert, dass sie nicht weiterlesen.

Den Deutschen fehlt der Wunsch zum Kind
SÜDDEUTSCHE ZEITUNG

Diese Schlagzeile zum Aufmacher auf der Seite eins muss der Leser erst ent-schlüsseln. Sie bezieht sich auf eine Studie, die zwei Ergebnisse hatte: Er-stens, dass immer mehr junge Deutsche weniger Kinder wollen (statistisch 1,7 statt bislang 2). Zweitens, dass rund ein Fünftel der Deutschen über-haupt keine Kinder will. Da beide Ergebnisse Teil des gleichen Problems sind, hat die STUTTGARTER ZEITUNG sich klugerweise auf den zweiten Aspekt konzentriert und konnte deshalb titeln:

Viele Deutsche wollen keine Kinder

Diese Version ist auch beim ersten Lesen verständlich und verlangt keine große Abstraktionsleistung.

2. Überschriften stehen in der Regel im Präsens. Es handelt sich bei ihnen um Aussagen, die man unmittelbar einem anderen mitteilen möchte.

Badisches Bier bringt Schwaben in Festlaune

PFORZHEIMER ZEITUNG

Diese Regel gilt auch dann, wenn die beschriebenen Ereignisse in der Vergangenheit liegen, zum Beispiel bei der Bekanntgabe der Quartalszahlen von Unternehmen.

Unternehmen verdienen mehr als erwartet

HANDELSBLATT

Grammatisch und inhaltlich korrekt formuliert müsste es im Imperfekt heißen:

Unternehmen verdienten im ersten Vierteljahr mehr als erwartet

oder gar im Perfekt

Unternehmen haben im ersten Vierteljahr mehr als erwartet verdient

Das wäre aber zu umständlich. In einigen Fällen wäre, nach den Gesetzen der Grammatik, das Perfekt oder Imperfekt angebracht:

Fischers Ansehen sinkt stark

KÖLNISCHE RUNDSCHAU

müsste genau genommen heißen:

Fischers Ansehen ist stark gesunken

Denn ob es im Moment des Zeitungslesens weiter sinkt, weiß das Blatt gar nicht. Dennoch sollte die Überschrift im Präsens stehen, weil es schlichtweg leichter zu lesen und unmittelbarer ist.

Andererseits ist das Imperfekt die falsche Zeit, wenn die Handlung noch nicht abgeschlossen ist:

Urteilsverkündung gegen Chodorkowski begann

FULDAER ZEITUNG

wäre nur dann richtig, wenn in der Überschrift auf einen konkreten Zeitpunkt verwiesen würde („begann vor dem Morgengrauen") und die Handlung inzwischen abgeschlossen ist.

In der gleichen Ausgabe der Zeitung taucht ein ähnlicher Zeitfehler auf:

Politologe Kurt Sontheimer starb

ist grammatisch falsch oder unvollständig („starb unerwartet" ginge). Richtig müsste es hier heißen:

Politologe Kurt Sontheimer gestorben

oder

Politologe Kurt Sontheimer ist tot

In den österreichischen Zeitungen scheint es sich durchgesetzt zu haben, in der Überschrift das Imperfekt zu benutzen:

New York zitterte vor Terrorangst
TIROLER TAGESZEITUNG

Dampfrohr-Explosion in New York löste Panik aus
DER STANDARD

3. Der Verzicht auf Verben macht Überschriften kürzer.

Schweizer Ski-Misere: Kein Ende in Sicht

NZZ AM SONNTAG

Der Autor einer Schlagzeile sollte allerdings bedenken, dass sich ein Satz mit Verb leichter lesen und schneller erfassen lässt. Wenn der Autor deshalb nicht unter dem Zwang steht, sich knapp zu fassen, weil sonst die Überschrift nicht in die Zeile passt, sollte er besser Verben benutzen. Die Sätze lassen sich leichter lesen, weil unser Gehirn ohnehin ein Verb ergänzen müsste.

SPIEGEL ONLINE zum Beispiel arbeitet in den meisten Fällen mit ganzen Sätzen als Überschrift.

Krankenkassen:
Barmer zahlt abtrünnigen Versicherten Bleibeprämie

Krieg um Südossetien
Georgien ruft alle Streitkräfte zu den Waffen

4. Überschriften stehen am besten im Aktiv.

Es liest sich flüssiger und benennt klar, wer für etwas verantwortlich ist.

Truppen von NATO bereitgestellt
FRANKTURTER RUNDSCHAU

ist weniger gut als

NATO stellt Truppen bereit

5. Infinitive sollten vermieden werden.

Überschriften mit Infinitivkonstruktionen klingen seltsam und sind in vielen Fällen unverständlich.

Ohne Durnwalders Licht leuchten
DOLOMITEN

Der Artikel berichtet, dass die Kandidaten der Südtiroler Volkspartei bei den Gemeinderatswahlen für ihre Wahlwerbung nicht mehr das Foto des SVP-Landeshauptmanns Luis Durnwalder benutzen dürfen. Zur Unverständlichkeit trägt natürlich auch die misslungene Metapher bei.

Für Unklarheit sorgt, dass im Deutschen der Imperativ und der Infinitiv oft gleich gebildet werden.

Illegale Veranstalter offensiv bekämpfen
AHGZ
Signale entzerren und verstärken
ELEKTRONIK PRAXIS

Es handelt sich jeweils nicht um einen Aufruf, illegale Veranstalter offensiv zu bekämpfen oder Signale zu entzerren, sondern um nachrichtliche Texte.

6. Fragen in der Überschrift sollten im Artikel beantwortet werden.

Einige Redaktionen verbieten es ihren Mitarbeitern, Überschriften als Fragen zu formulieren. „Wir stellen keine Fragen, wir geben Antworten", lautet die Begründung für diese Regel. Eine solche strenge Auslegung ist nicht notwendig. Eine einzige Ausgabe der KÖLNISCHEN RUNDSCHAU enthielt drei Überschriften mit Fragen, an denen sich die Frage nach der Frage gut erläutern lässt – und die auch zeigen, wie problematisch Fragen als Überschriften sein können.

Ist Liebe wirklich nur eine Inszenierung?
Psychologen glauben: Romantische Gefühle stellen sich nicht von alleine ein

Hier ist die Überschrift eine Frage, die sich die meisten Leser wohl noch nie gestellt haben und die sie sich erst stellen werden, wenn sie den Artikel gelesen haben. Der Text beantwortet sie dann übrigens noch nicht einmal. Der Autor hat die Überschrift vermutlich nur gewählt, weil ihm die Aussage seines Artikels, dass es Liebe gar nicht gebe, nicht geheuer war.

Spannender wäre es gewesen, genau diese Aussage provokativ als Überschrift zu nehmen:

Liebe ist nur eine Inszenierung

Auch im zweiten Beispiel enthält der Artikel eine Aussage, die in der Überschrift zur Frage wird:

Plakette für rußarme Diesel?

Der erste Satz des Artikels aus dem Jahre 2004 lautet dann aber: „Rußarme Diesel sollen möglichst noch 2005 Plaketten bekommen, um auch Feinstaub belastete Straßen und Umweltzonen befahren zu dürfen." Dies kündigte zumindest der Bundesumweltminister an.

Top oder Flop?
Debatte über die Zukunft der Pflegeversicherung mit Patientenbeauftragter der Bundesregierung

Diese Überschrift lässt den Leser im Unklaren, ist weitgehend nichts sagend und reizt bestimmt nicht zum Weiterlesen.

Die drei Beispiele zeigen, dass Fragen als Überschriften sorgfältig überlegt sein wollen.

Drei Bedingungen sollten Überschriften erfüllen, die als Fragen formuliert sind:

1. muss es sich um Fragen handeln, die sich der Leser vermutlich schon selbst einmal gestellt hat.

2. muss die Frage im Text beantwortet werden.

3. darf die Frage keine versteckte Behauptung sein, wie oft im Boulevard-Journalismus üblich.

War er der Täter?

als Frage mit dem Foto eines Verdächtigen ist kein redlicher Journalismus.

7. Ungewöhnliche oder lange Wörter sollten gekoppelt werden.

Der Autor erleichtert dem Leser damit das Verständnis. Das Wort kann schneller erfasst und bearbeitet werden.

Aerobickurse und Vollkornbrötchen
STUTTGARTER ZEITUNG

In diesem Beispiel sollte das Wort „Aerobickurse" mit Bindestrichen gekoppelt werden. „Aerobic-Kurse" wird auf Anhieb verstanden.

Laut Duden sollen Wörter lieber zusammengeschrieben werden anstatt gekoppelt. Diese Ansicht scheint mir allerdings leserfeindlich. Selbst bei einem Bindungs-s kann in der Überschrift Koppeln dem Leser helfen, wie hier bei den NÜRNBERGER NACHRICHTEN:

Missbrauchs-Affäre zieht weitere Kreise

8. Mehrzeilige Überschriften sollten sinnvoll unterbrochen werden.

Beim Zeilenfall kann es nämlich leicht zu Missverständnissen oder Leseschwierigkeiten kommen.

CDU-Schwarzgeldprozess: Alles läuft auf ein Urteil gegen Kanther hinaus
SAARBRÜCKER ZEITUNG

Eine solche Überschrift tendiert ohnehin dazu, zu lang zu werden.

9. Ein Zitat in der Überschrift sollte in Anführungszeichen gesetzt werden.

„Heute legen wir viel aktiver an"
NZZ AM SONNTAG

„Ja, wir sind ein Paar"
FRAU IM TREND

„Sterben? Ich habe noch keine Lust dazu"
BUNTE

Alternativ kann der Urheber des Zitats mit einem Doppelpunkt gesetzt werden:

OB Maly: Die Nazis haben keine Chance
ABENDZEITUNG 8-UHR-BLATT

Dadurch wird (zumindest den Lesern in der Region) klar, dass es sich um eine Aussage des Nürnberger Oberbürgermeisters Ulrich Maly handelt. Es ist deshalb überflüssig, beide Zitiermethoden gleichzeitig anzuwenden:

Maier: „So macht Training immer Spaß"
NEWS

Sollte der Urheber des Zitates nur in der Dachzeile genannt werden, dient es der Eindeutigkeit der Überschrift, diese in Anführungszeichen zu setzen, weil die Dachzeile oft erst nach der Überschrift gelesen wird:

SZ-Interview mit Klaus Rauschner:
„Das erste abgasfreie Kohlekraftwerk kommt 2020"
SÜDDEUTSCHE ZEITUNG

Es wäre bei dieser Dachzeile übrigens noch genug Platz gewesen, um zu erwähnen, dass der Interview-Partner Vorstandschef des Energiekonzerns Vattenfall Europe ist.

Manchmal wird sogar durch die Kombination von Vorspann und Überschrift – ganz ohne Anführungszeichen – klar, dass es sich um ein Zitat handelt:

Monika Hohlmeier musste als Bayerns Kultusministerin zurücktreten. In BUNTE redet sie über ihre Verletztheit, ihren ungebrochenen Stolz und ihre Pläne …
Ja, es gab Nächte voller Tränen

Wenn der Name des Zitierten durch ein Verb ergänzt ist, kann es der Verdeutlichung dienen, doch Anführungszeichen zu setzen:

Rangnick schmollt: „Wir sind der moralische Sieger"
ABENDZEITUNG

Notwendig zur Klarheit sind sie auch hier nicht.

Enthält die Überschrift ein Zitat, das zugleich eine Absichtsbekundung mit dem Verb „sollen" ist, entscheidet der Redakteur im Einzelfall, inwieweit eine klare Zuordnung als Zitat notwendig ist:

Familienministerin Renate Schmidt (SPD) fordert bei Fachtagung: Wirtschaft soll ältere Menschen einstellen
SÜDDEUTSCHE ZEITUNG

Möglicherweise ist dieses Zitat nicht wörtlich gefallen. Die Formulierung kann deshalb grammatisch als Redebericht, also als zusammenfassende Wiedergabe einer wörtlichen Rede, aufgefasst werden.

10. Ein Layout sollte den Redakteuren nicht auferlegen, dass Überschriften-Zeilen immer volllaufen müssen.

Sonst kommt es dazu, dass die Überschrift zu lang wird und zu vollgestopft. Sie kann der Leser beim Überfliegen der Seite gar nicht so schnell erfassen. Über einem sechsspaltigen Artikel der SAARBRÜCKER ZEITUNG stand:

Suche nach Gerechtigkeit spaltet nach 40 Jahren die Menschen am Mississippi

Mehr Weißraum würde die Seite attraktiver und die Überschrift lesbarer machen. Dann hätte man über diese Reportage über die noch immer nicht aufgearbeiteten Ku-Klux-Klan-Morde von 1964 im US-Bundesstaat Mississippi schreiben können:

Die Alten schweigen noch immer

In einer Dachzeile oder Unterzeile müsste dann konkretisiert werden:

**Auch nach 40 Jahre haben die Menschen in Mississippi
die Morde des Ku-Klux-Klans nicht vergessen**

Kürze tut einer Überschrift ohnehin gut, weil sie den Leerlauf aus den Formulierungen nimmt und sie stärker fokussiert.

Ferien gehören hier zum Alltag
NEUES WOHNEN

klingt langweilig und tut so, als sei es eine Alltagslast, Ferien zu haben. Treffender und kürzer klingt es so:

Jeden Tag Ferien

2.11 Wie entsteht eine gute Überschrift?

Gute Überschriften fallen nur selten vom Himmel. Die meisten Überschriften entstehen in der Hektik des Alltags. In Redaktionen herrschen dazu unterschiedliche Vorgehensweisen:

Erste Möglichkeit: Nachdem der Redakteur den Artikel bereits mit großem Kraftaufwand geschrieben hat, macht er sich daran, noch eine Überschrift zu finden. Dies führt selten zum Erfolg, weil sein kreatives Potenzial durch die Arbeit vorher schon erschöpft ist. Außerdem kennt er den Text sehr genau, weil er sich schon lange damit beschäftigt hat. Dadurch steht der Autor in der Gefahr, eine Überschrift zu schreiben, die nur verständlich ist, wenn man den Text zuvor schon gelesen hat.

Zweite Möglichkeit: Manche Autoren schreiben einen Artikel von der Überschrift bis zum letzten Satz linear durch. Das heißt, die Überschrift steht fest, bevor der Schreiber seinen Text angefangen hat. Diese Methode ist an sich nicht verwerflich. Sie kann dem Autor sogar helfen, den Küchenzuruf klar zu formulieren – nämlich in Form einer Überschrift. Er sollte aber nach dem Schreiben nicht vergessen zu prüfen, ob die Überschrift dann noch stimmt. Manchmal entwickelt sich ein Artikel anders als ursprünglich geplant. Dann kann es sein, dass der Titel nicht mehr passt. Wer beim Schreiben mit der Überschrift anfängt, sollte diese also zunächst als Arbeitstitel betrachten. Und später gegebenenfalls entscheiden, ob ihm der im Arbeitstitel zunächst vorgesehene Küchenzuruf oder der Küchenzuruf, den sein fertiger Artikel tatsächlich hat, wichtiger ist. Im ersten Fall muss er den Artikel neu schreiben, im zweiten eine neue Überschrift, passend zum neuen Küchenzuruf, finden.

Dritte Möglichkeit: In einigen Redaktionen ist es üblich, dass immer der redigierende Redakteur für die Überschrift zuständig ist. Zwar kann der Autor einen Überschriftenvorschlag machen. Aber selbst wenn er nicht nur freier Mitarbeiter, sondern Mitglied der Redaktion ist, entscheidet allein der redigierende Redakteur über die Überschrift.

Dieses Verfahren kann sehr hilfreich sein, weil der Redigierende einen zweiten, in der Regel unvoreingenommenen Blick auf den Text wirft. Fällt ihm partout keine gute Überschrift dazu ein, kann dies auch an der Schwäche des Artikels liegen – ihm fehlt ein Küchenzuruf. Jedem redigierenden Redakteur müsste bei einem guten Artikel eine brauchbare, wenn auch nicht immer glanzvolle Überschrift einfallen: nämlich der Küchenzuruf. Er muss sich dann nur noch mit der Einpassung in den vorgesehenen Platz und mit einer sauberen Formulierung herumschlagen.

Die Gefahr dieses Verfahrens ist, dass unaufmerksame Redakteure beim Redigieren willkürlich irgendeinen weniger wichtigen oder gar unwichtigen Aspekt aus dem Text herausgreifen und ihn in die Überschrift setzen. Oft handelt es sich dabei um etwas, das im letzten oder vorletzten Absatz erwähnt wird, weil es dem Redigierenden noch gut in Erinnerung ist. Oder er greift eine zwar knackige Formulierung auf, die aber nur einen Nebenaspekt betrifft.

Vierte Möglichkeit: In der Praxis hat sich die gemeinsame Arbeit der Redakteure an den Überschriften in einer Konferenz am besten bewährt. In den Boulevard-Medien, die einen großen Wert auf verkaufsträchtige Schlagzeilen legen, ist sie als Zeilenkonferenz bekannt. Dort ist sie Chefsache. In manchen Redaktionen hat die Zeilenkonferenz auch kuriosere Namen: So nennen die Mitglieder des Feuilleton-Ressorts der STUTTGARTER ZEITUNG ihre Konferenz „Beugekonferenz", weil sich die Redakteure über die Zeitungsseiten beugen, während sie über die Überschriften nachdenken.

Die Zeilenkonferenz kann mit zwei verschiedenen Voraussetzungen stattfinden:

Erstens: Alle Teilnehmer sollten zumindest grob über die Inhalte der Artikel Bescheid wissen. Noch besser: Sie haben sie gelesen. Die Zeilenkonferenz sollte vor den ausgedruckten Zeitungs- oder Zeitschriftenseiten stattfinden, damit beim Formulieren der Überschriften auch die Bilder berücksichtigt werden. Dadurch vermeidet man Text-/Bildscheren.

Zweitens: Die Teilnehmer haben die Artikel nicht gelesen. Sie beurteilen die Überschriften-Vorschläge, die die schreibenden oder redigierenden Redakteure gemacht haben. Sie nehmen dabei die Perspektive des Lesers ein und fragen sich: „Würde ich das lesen wollen?"

Es hat sich (zum Beispiel aus meiner Erfahrung bei READER´S DIGEST) bewährt, dass an der Zeilenkonferenz nicht nur die Redakteure, sondern auch andere Beteiligte teilnehmen. Oftmals kamen die besten Titelvorschläge vom Artdirector oder von der Redaktionsassistentin.

Wichtig ist, sich in der ersten Phase der Überschriftenfindung keine allzu großen Restriktionen aufzuerlegen. Das bedeutet: freie Assoziation, Rumspinnen, Diskutieren, Sprachspielereien. Manchmal hilft es, zusätzlich mit den Kernbegriffen des Artikels zu googeln, um auf ähnlich klingende Film- oder Buchtitel zu kommen. Wenn es um wichtige Titel geht (zum Beispiel jene auf dem Cover von Zeitschriften) kann auch mit Kreativitätsmethoden gearbeitet werden.

Zwei davon haben sich in der Praxis besonders bewährt:

Assoziationsketten: Ein Kernbegriff des Artikels wird vom Redaktionsleiter herausgegriffen und der Gruppe vorgeschlagen. Jeder muss sagen, was ihm spontan dazu einfällt. Diese Ideen kann man verknüpfen und daraus den Titel formen.

Zuruf: Einzelne Redakteure, die den Artikel gelesen haben, versuchen in einem kurzen Zuruf ihren Kollegen, die den Inhalt des Artikels nicht kennen, die Kernaussage zu vermitteln. Gelingt dies, entsteht mit dem Zuruf eine gute Grundlage für eine griffige Überschrift.

3   Vorspann und Teaser

3.1   Wozu der Vorspann dient

Der Vorspann wird in Redaktionen unterschiedlich bezeichnet. Er ist auch als Motto und Lead bekannt. Beim Vorspann kann man, wie bei der Überschrift, die nachrichtliche Form von derjenigen unterscheiden, die in Zeitschriften verwendet wird. Bei Online-Texten spricht man vom Teaser.

Im ersten Fall, dem nachrichtlichen Vorspann, dient er der schnellen und abgeschlossenen Information des Lesers. Man findet ihn hauptsächlich in Tageszeitungen, aber auch in Fachzeitschriften auf den Meldungsseiten. Oft ist er durch Fettung hervorgehoben oder auf andere Art grafisch abgesetzt.

Untersuchungen haben ergeben, dass zwischen 20 und 60 Prozent der Zeitungsnutzer den Vorspann lesen. Ist ein Leser also über die Hürde der Überschrift hinweggekommen, stellt der Vorspann die zweite Klippe dar. Hier entscheidet er sich erneut: Soll ich weiterlesen? Oder steige ich aus dem Text aus? Von der Qualität des Vorspanns hängt also ab, ob ein Leser zum eigentlichen Artikel vordringt. Dies sollte für Journalisten Ansporn genug sein, einige Sorgfalt auf ihre Vorspanne zu verwenden.

In Zeitschriften hat der Vorspann hingegen zwei Funktionen:

1. Orientierung: Der Leser erfährt darin, worum es in dem Artikel generell geht, also das Thema.

2. Lockung: Der Vorspann soll Appetit machen auf den Rest des Textes. Er darf deshalb, anders als der nachrichtliche Vorspann, nicht alles verraten. Der Leser erfährt nur so viel wie nötig ist, um ihn neugierig zu machen.

In vielen Fällen dient der Teaser im Internet ebenfalls diesen beiden Zwecken. Er soll vor allem die Nutzer dazu veranlassen, den angekündigten Artikel anzuklicken. Dadurch erhöht sich die Klickrate.

Ärgerlich ist es, wenn – wie bei einigen Nachrichtenportalen vor allem von Internet-Dienstleistungs-Anbietern – nach dem Klicken nicht der Artikel erscheint, sondern eine weitere Startseite mit dem gleichen Teaser und weiteren angeteaserten Artikeln. Diese Unsitte dient nur dazu, den Traffic auf der Seite zu erhöhen – auf Kosten der Geduld der Nutzer.

Langfristig müssen viele Redaktionen sich daran gewöhnen, ihre journalistischen Dienstleistungen den Lesern besser und spannender zu präsentieren, sie also neugierig zu machen und zur Lektüre zu verführen. Nachrichtliche Textformen, und damit nachrichtliche Vorspanne, werden daher vor allem bei Printprodukten an Bedeutung verlieren.

Der nachrichtliche Vorspann eignet sich hingegen gut für Nachrichtenseiten im Internet. Der Nutzer erfährt alles Nötige in aller Kürze, ohne dass er im Text nach unten scrollen muss. Internet-Nutzer wollen, anders als Tageszeitungsleser, nicht gelockt, sondern knapp und umstandslos informiert werden. Dieses Bedürfnis steht leider wie oben geschildert dem Anliegen der Internet-Anbieter entgegen, möglichst viel Traffic auf ihren Seiten zu erzielen.

3.2   Der nachrichtliche Vorspann

Der nachrichtliche Vorspann (Lead) ist Teil der klassischen Nachrichtenhierarchie. Er beantwortet im ersten Absatz alle relevanten Fragen, die so genannten W-Fragen:

- Wer?
- Was?
- Wann?
- Wo?
- Welche Quelle (hat diese Nachricht)?
- Warum (kam es dazu)?

Nicht alle Fragen müssen in jedem Vorspann geklärt werden. Manche sind vielleicht gar nicht so wichtig zu beantworten, manche will der Autor nicht beantworten (zum Beispiel das Wann, wenn das Ereignis schon eine Weile zurückliegt). Welche Fragen beantwortet werden müssen, entscheidet der Journalist von Fall zu Fall. Als Leitlinie kann ihm dabei sein eigenes Informationsbedürfnis dienen: Was ist der Kern meiner Nachricht? Was will ich als erstes und wichtigstes wissen?

> **Das Koblenzer Amtsgericht erlaubt, Gewalt gegen einen Jungen anzuwenden, der sich weigert, zu seiner Mutter nach Belgien zu gehen.**
> TRIERISCHER VOLKSFREUND

Der nachrichtliche Vorspann informiert den Leser so vollständig, dass er nach der Lektüre die wichtigsten Fakten erfahren hat. Er kann dann entscheiden, ob er die weniger wichtigen Details, die in der Nachricht oder dem Bericht folgen, ebenfalls noch erfahren möchte oder nicht.

Selbst ein nachrichtlicher Vorspann kann noch so viel Spannung aufbauen, dass der Leser zum Weiterlesen (oder Weiterklicken) veranlasst wird. Das gelingt zum Beispiel SPIEGEL ONLINE hier:

> **Die Chinesen entwickeln sich zu einem Volk der Dicken: Weil große Teile der Bevölkerung ihre Ernährung umstellen, steigt der Anteil der Übergewichtigen unaufhaltsam. Ein US-Forscher warnt vor massiven Kosten für das Gesundheitssystem. mehr ...**

Gerade Zeitschriften und Internet-Portale sollten darauf achten, dem Leser stets deutlich zu machen, warum es sich lohnt, weiterzulesen oder zu -klicken.

> **Das staatlich garantierte Prüfmonopol bei technischen Überwachungsdienstleistungen fällt endgültig zum Jahresanfang 2008. Nach ersten Schritten der Öffnung ab 1.1.2006 gelten die neuen Regelungen des Geräte- und Produktsicherheitsgesetzes (GPSG) und die Betriebssicherheitsverordnung (BetrSichV) dann vollständig. Der Prüfmarkt soll sich damit liberalisieren und entscheidend vereinfachen.**
> MASCHINENMARKT

Warum sollte ein Leser weiterlesen? In der folgenden Fassung hingegen wird er neugierig gemacht. Dabei wurde Wert darauf gelegt, die entscheidenden Keywords zu nennen. Das ist besonders im Internet für die Suchmaschinen wichtig.

> Das Prüfmonopol bei technischen Überwachungsdienstleistungen fällt zum Jahresanfang 2008 endgültig. Dann gelten die neuen Regelungen des Geräte- und Produktsicherheitsgesetzes (GPSG) und die Betriebssicherheitsverordnung ohne Einschränkung. Was sich für Firmen ändert und worauf Sie sich einstellen müssen

Klarheit und Korrektheit

Beim nachrichtlichen Vorspann stehen die Klarheit und die Korrektheit im Vordergrund. Er sollte sprachlich und grammatisch richtig sein (inhaltlich ohnehin):

> Der Ulmer Gemeinderat hat den freien Regisseur Andreas von Studnitz zum neuen Theaterintendanten vom Sommer 2006 an gewählt. Er soll das überalterte Publikum verjüngen, ohne das Dreispartenhaus leer zu spielen.
> STUTTGARTER ZEITUNG

Ein solcher Vorspann zeugt von mangelnder Sorgfalt. Der Gemeinderat hat den Intendanten nicht „vom Sommer 2006 an" gewählt. Sondern er hat ihn zum Intendanten gewählt. Der Intendant tritt sein Amt im Sommer 2006 an.

Wenn von Studnitz wirklich ein überaltertes Publikum verjüngen könnte, wäre er nicht Intendant, sondern würde sein Geld mit Verjüngungskuren verdienen. Gemeint ist:

> Er soll mehr jüngeres Publikum ins Theater locken, die bisherigen, älteren Besucher des Dreispartenhauses aber nicht verschrecken.

Voraussetzungslosigkeit

Der nachrichtliche Vorspann sollte den Leser möglichst voraussetzungslos informieren. Der Autor kann zwar davon ausgehen, dass seine Leser über ein allgemeines Weltwissen verfügen, um bestimmte Informationen in einen Zusammenhang einzuordnen. Aber er sollte nicht erwarten, dass der Leser kontinuierlich die Nachrichtenlage verfolgt – anders als der Nachrichtenredakteur. Dies gilt zumindest, falls die Zeitung sich als primäres Informationsmedium versteht. Dies tut sie so lange, wie sie sich der journalistischen Darstellungsform der Nachricht bedient.

> Nach zwei Anschlägen auf Touristen in Kairo hat die ägyptische Polizei vorübergehend rund 200 Menschen festgenommen.
> NÜRNBERGER NACHRICHTEN/AP

Für den Verfasser der Meldung, den Journalisten der Nachrichtenagentur AP, handelte es sich bei diesem Text um eine Fortschreibung. Er hatte vermutlich schon früher an diesem Tag über die Anschläge selbst berichtet. Der Leser der NÜRNBERGER NACHRICHTEN hört aber möglicherweise zum ersten Mal von Anschlägen, wird aber im gleichen Satz bereits mit Festnahmen konfrontiert. Das Konkurrenzblatt, die NÜRNBERGER ZEITUNG, informiert deshalb ihre Leser, ebenfalls auf AP zurückgreifend, sinnvollerweise zunächst über die Anschläge selbst:

> In Kairo sind erneut Urlauber ins Visier von Terroristen geraten. Bei zwei Anschlägen in Kairo in der Nähe des Ägyptischen Museums und auf einen Reisebus wurden neun Menschen verletzt, darunter vier Ausländer.

Die Information über die Festnahmen kommt erst im letzten Drittel der Meldung. Dieser Aufbau ist wesentlich sinnvoller: Im ersten Satz wird der Leser auf die Situation eingestimmt. Er erfährt Ort (Ägypten), Täter (Terroristen) und Betroffene (Urlauber). Der Satz ist zwar im Passiv. Dies ist jedoch in diesem Falle hinnehmbar, weil für den Leser in Nürnberg die Urlauber wichtiger sind als die Terroristen. Der zweite Satz spezifiziert den Ort (Kairo, nahe dem Ägyptischen Museum und Reisebus), die Umstände (zwei Anschläge) und die Folgen (Tote und Verletzte).

119

Besonders wichtig ist die Frage für Nachrichtenredakteure im Internet (und übrigens auch im Radio). An einem frühen Nachmittag stieß ich zum Beispiel auf folgende Meldungen bei SPIEGEL ONLINE:

Kidnapping in der Türkei
Gouverneur macht Hoffnung auf rasche Freilassung der Deutschen

Erste Nachricht von den Entführern der drei deutschen Bergsteiger: Dem türkischen Gouverneur Mehmet Cetin zufolge will die PKK die Männer binnen weniger Tage freilassen. Das Kidnapping sei für die kurdischen Terroristen ein Zeichen gegen „jüngste Aktionen" der Bundesregierung, behauptet er. mehr ...

- Türkei: Gouverneur meldet Entführung von drei Deutschen durch PKK
- Kidnapping: Drei Deutsche in der Türkei offenbar entführt

Zu diesem Zeitpunkt hatte ich noch gar nicht mitbekommen, dass die Bergsteiger entführt worden waren. Es gibt für dieses Problem keine Patentlösung, denn wenn ich von der Entführung schon gehört gehabt hätte, wäre ich natürlich an einer Fortschreibung der Story interessiert gewesen – genau so, wie sie mir hier geboten wird.

Kürze

Auch der nachrichtliche Vorspann sollte nicht länger als drei bis vier möglichst kurze Sätze haben. Darin lassen sich alle relevanten Informationen unterbringen. In dieser Hinsicht völlig misslungen ist folgende Pressemitteilung der Firma SIEMENS mit einem viel zu langen und zu verschachtelten Vorspann:

Ein ganzheitlicher Ansatz, der alle Möglichkeiten der Technik wie auch der Kommunikation und Information ausschöpft, bietet künftig Lösungen für Mobilität und Verkehrssicherheit bei gleichzeitiger Entlastung der Umwelt. „Angesichts des weiter steigenden Verkehrsaufkommens reicht es nicht mehr aus, den Verkehr nur zu verwalten", erklärte am Dienstag Dr. Christoph Kollatz, im Siemensbereich Industrial Solutions & Services für die Straßenverkehrssicherheit verantwortlich. Aufgrund der Finanzknappheit der Öffentlichen Hand sei heute der Ausbau vorhandener Verkehrswege oder des öffentlichen Nahverkehrs kaum mehr möglich. Die Verkehrspolitik müsse daher neue Wege gehen und intelligente Technologien einsetzen, die auf der Basis von Informationen sowohl den Verkehrsfluss steuern wie auch das Verhalten der Verkehrsteilnehmer beeinflussen. Eine derartige Lösung biete Siemens mit Verkehrsmanagementzentralen, so Kollatz, die mit Hilfe von Telekommunikation und Informatik „die grüne Welle steuern".

Nicht nur sprachlich ist dieser Vorspann undurchschaubar, der entscheidende Punkt – die Verkehrsmanagementzentralen von SIEMENS – tauchen erst im letzten Satz auf.

Wie sehr es auf kurze, leicht verständliche Sätze ankommt, zeigt dieser Vorspann aus einer Fachzeitschrift für Vogelhalter:

Mit diesem Bericht über den Braunen Tropfenastrilden (Clyptospiza monteiri) wollen wir einen kleinen Überblick über unsere Erfahrungen in Haltung und Zucht dieser nur wenig bekannten und nur selten erfolgreich gehaltenen, im Deutschen auch Monteiros Tropfenastrild genannten afrikanischen Prachtfinkenart wiedergeben.
GEFIEDERTE WELT

Der Autor hat sich dabei im Gestrüpp seines Satzes verfangen. Das Verb am Schluss bezieht sich auf „Überblick" und müsste deshalb „geben" heißen.

Verständlichkeit

Die allgemeinen Stilregeln der Klarheit und Verständlichkeit (zum Beispiel Wolf Schneider 1994) gelten für Vorspanne besonders streng.

Das bedeutet:

- Keine komplizierten Fremdwörter.
- Keine Schachtelsätze. Am besten gar keine Nebensätze.
- Kein Nominalstil.
- Das Aktiv dem Passiv vorziehen. Im Passiv formulierte Sätze lassen sich nicht nur schwerer lesen, sie verschleiern auch die Verantwortung. (Wer hat was gemacht?)
- Auf Adjektive möglichst verzichten. Die Sätze werden dadurch schlanker und verständlicher. Sie gewinnen neue Kraft und sind weniger nebelig.
- Nur ein Gedanke pro Satz. Vor allem sollten Satzkonstruktionen vermieden werden, die Unübersichtlichkeit herstellen: „sowohl … als auch", „während hier dies geschieht, ereignet sich dort jenes" usw.
- Hauptsachen gehören in Hauptsätze und dürfen nicht in Nebensätzen versteckt werden.
- Keine Modewörter.

Stimmigkeit und Logik

Auch wenn es sich banal anhört: Der Autor sollte den Vorspann daraufhin prüfen, ob er stimmt. Das heißt zum einen: Ob das, was er ankündigt, auch im Artikel behandelt wird. Und zum anderen: Ob er, trotz Verknappung, grammatisch und sprachlich richtig ist.

> Von heute an sind Kopien der Terrakotta-Armee auf dem Wasen ausgestellt. Historiker sprechen vom achten Weltwunder.
> STUTTGARTER ZEITUNG

Dieser Vorspann ist mit Sicherheit Unsinn. Weder ist die Ausstellung auf dem Stuttgarter Volksfest Wasen nach Meinung der Historiker ein Weltwunder noch sind es die Kopien der Terrakotta-Armee. Ein Weltwunder ist nur die originale Terrakotta-Armee – und die befindet sich auch weiterhin in der Nähe der chinesischen Stadt Xi'an.

3.3 Der lockende Vorspann

Der Vorspann in einer Zeitschrift oder bei den subjektiveren Darstellungsformen in den Zeitungen hat eine andere Rolle als bei nachrichtlichen Texten. Er darf nicht alles verraten, sondern muss Spannung erzeugen, die zum Weiterlesen anregt. Zugleich aber muss das Thema des Artikels klar werden. Ein Vorspann, dem man nicht entnehmen kann, wovon der Artikel handelt, wird den Leser auch nicht zum Weiterlesen veranlassen.

Ein Beispiel: Nach der Überschrift

Anja B. (33): Im ersten Moment dachte ich, das darf doch alles nicht wahr sein …

schreibt die FREIZEIT REVUE folgenden Vorspann:

Mit allem hatte sie gerechnet, aber nicht damit! Ihre Tochter war doch erst 15. Es konnte nicht sein, dass das Mädchen ihr und das Leben ihrer Eltern kaputtmachen wollte. Eine riesige Tragödie kündigte sich an …

Allein: Um was geht es eigentlich? Der Autor des Vorspanns erwähnt nicht, was nun die Tragödie ist, die sich ankündigt – nämlich dass die Tochter schwanger ist. Die Hoffnung, die Ungewissheit werde den Leser zum Weiterlesen veranlassen, trügt. Die meisten Leser steigen bei verrätselten Einstiegen aus.

Vorspanne, die mit aller Gewalt witzig und originell sein wollen, geraten häufig auf Abwege. Der Autor sollte sich gut überlegen, ob seine momentane Idee eines scheinbar originellen Vorspanns den Leser nicht eher ratlos zurücklässt.

„Wuff!" Der Waldi weiß es schon: vorbei die Zeit des Grammophon. Langspielplatten hat man heute. Und Waldi eine dicke Beute. Hier das große Speicherfest – 14 Festplatten im COMPUTERBILD-Test

„Wuff!" Der Waldi weiß es schon: vorbei die Zeit des Grammophon.
Langspielplatten hat man heute. Und Waldi eine dicke Beute. Hier das große
Speicherfest – 14 Festplatten im COMPUTERBILD-Test

Der Artikel trug die Überschrift „Langspielplatten". Der Vorspann ist, auch im Zusammenhang mit dem Bild, barer Unsinn. Wie stehen Langspielplatten und Grammophon zueinander? Warum bedeuten Langspielplatten Festplatten? Heißt es nicht eigentlich „fette Beute"? Und fehlt nicht bei Grammophon das Genitiv-s?

3.4   Sechs Regeln für den Vorspann

1. Halten Sie den Vorspann kurz.

Er sollte höchstens drei bis vier knappe Sätze umfassen. „Der Lead ist eine der wenigen Textformen, die davon profitieren, wenn sie aus kurzen Sätzen aufgebaut sind", schreibt der Journalistik-Professor Jürg Häusermann (Häusermann 2005).

Je länger der Vorspann wird, desto schneller verliert der Leser den Überblick. Falls er überhaupt Lust verspürt, sich bereits in einen längeren Text zu vertiefen – schließlich liest er den Vorspann, um sich über den Inhalt des Artikels zu orientieren. Zudem verführt ein zu langer Vorspann den Autor dazu, zu viel hineinzupacken, die Geschichte des Artikels also vollständig zu erzählen und dem Leser damit den Anreiz der Lektüre zu nehmen.

Der Verfasser dieses Vorspanns in der Zeitschrift MAX PLANCK FORSCHUNG ist solcher Gefahr erlegen:

> Wo immer auf der Erde „dicke Luft" herrscht, wird es für sie besonders spannend. Denn Olaf Krüger vom Meteorologischen Institut der Universität Hamburg und Helmut Grassl, Direktor am Hamburger Max-Planck-Institut für Meteorologie, interessieren sich für Aerosole: winzige Teilchen und Tröpfchen, die in der Luft schweben und eine bedeutende, doch in ihrem Ausmaß noch weithin unklare Rolle im Strahlungs- und Wasserhaushalt der Atmosphäre spielen. Nachstehend schildern die beiden Forscher, was diese Schwebeteilchen als Klimafaktoren so „unberechenbar" macht – und weshalb Regionen mit extrem verschmutzter Luft, wie das einstige „Schwarze Dreieck" im östlichen Mitteleuropa oder das Rote Becken im Süden Chinas, für die Aerosolforschung regelrechte Fundgruben darstellen.

Auch wenn die Hinweise auf das, was die Autoren „nachfolgend" noch schildern werden, verlockend sein möchten: Der Leser ist bereits vom Vorspann ermattet. Das Problem des Vorspann-Verfassers war vermutlich, dass ihn der Layouter dazu verdonnert hatte, sehr viel Platz zu füllen.

Wenn der Vorspann zu lang ist, scheitern selbst gute Autoren. Im Grund kann man keinen langen und dennoch guten Vorspann schreiben. Dem Autor geht nach vier bis fünf Zeilen unweigerlich die Luft aus, selbst wenn er sich redlich bemüht, den Spannungsbogen zu halten, wie in diesem Beispiel aus der Zeitschrift MANAGER SEMINARE:

> Wikipedia war erst der Anfang. Mittlerweile gibt es in vielen Unternehmen Datensammlungen im Intranet, die auf dem Wiki-Prinzip fußen. Das Besondere daran: Jeder darf mitmachen und seine Ideen

aufschreiben, auch wenn diese noch nicht voll ausgereift sind. Denn Wikis sind Gemeinschaftsprojekte in ständigem Wandel. Dennoch sind sie keine Selbstläufer: Sie funktionieren nicht automatisch. Und schon gar nicht in jedem Unternehmen.

Radikal gekürzt, würde dieser Vorspann wirken:

Wikipedia war erst der Anfang. Mittlerweile gibt es in vielen Unternehmen Datensammlungen auf dem Wiki-Prinzip. Doch sie funktionieren nicht automatisch. Und schon gar nicht überall.

Man erkennt: Ellipsen, unvollständige Sätze, sind beim Vorspann ein legitimes und die Spannung steigerndes Mittel. Auf Nebensätze kann so gut wie ganz verzichtet werden.

Zeitschriftenlayouter sollten Vorspanne kurz halten – damit diese bleiben, was sie sind: Leseanreize, keine Inhaltsangaben. Das gleiche gilt für Webdesigner. Wer den Redakteuren technisch zu lange Teaser ermöglicht, nimmt in Kauf, dass sie zu lange Teaser schreiben. Und sei es nur, weil sie das Gefühl haben, der vorhandene Platz müsse genutzt werden. Obergrenze sollte die Länge dieses Absatzes sein: rund 300 Zeichen.

Auch beim österreichischen Nachrichtenmagazin NEWS haben die Layouter die Journalisten in ein nicht sinnvolles Schema gepresst. Der Vorspann hat hier oft zwei Absätze, jeder dieser Absätze fängt mit einem einzelnen Stichwort an.

ALARMIEREND. Experten warnen: 25 Prozent der heimischen Kinder und Jugendlichen sind zu dick. Die Hälfte davon leidet sogar an Fettsucht.
FETT-EPIDEMIE: Die moderne Geißel des Wohlstandes: Schon Volksschüler leiden an massiven Gelenkproblemen, Diabetes und Gefäßverengung.

Die versal geschriebenen Stichwörter am Anfang sind unnötig und sagen oft nicht mehr aus, als der Vorspann ohnehin ausdrückt. Dass die Zahlen „alarmierend" sind, kann sich der Leser selbst denken. Und das Wort „Fett-

Epidemie" ist vollends überflüssig. Griffiger wäre der Vorspann durch Kürzen und ohne grafisches Korsett geworden:

> 25 Prozent der österreichischen Kinder und Jugendlichen sind zu dick. Die Hälfte davon leidet sogar an Fettsucht. Die Folgen: massive Gelenkprobleme, Diabetes und Gefäßverengung.

2. Vorsicht vor zu vielen Fakten und Zahlen.

Zahlen, vor allem wenn sie bis auf die letzte Stelle genau sind, schrecken viele Leser ab. Besser ist es, Zahlen zu runden und nur wenige, aussagekräftige Angaben zu verwenden.

> Jährlich erkranken in Deutschland 7,8 Millionen Menschen an einer Depression. Die meisten davon sind Frauen: Während etwa 4,4 Prozent aller Männer betroffen sind, bringen es Frauen auf immerhin 13,5 Prozent. Das heißt: Pro Jahr werden etwa 5 Millionen Frauen depressiv.
> TV GESUND & LEBEN

In diesem Statistik-Wirrwarr findet sich bald kein Leser mehr zurecht. Und zudem fragt er sich: Worum geht es nun eigentlich in dem Artikel?

3. Auf enzyklopädische Lehrmeisterei verzichten.

Ein Vorspann, der wie dröge Volkshochschule daherkommt, veranlasst die meisten Leser zum Gähnen. Sicher ist: Viele Leser wollen etwas lernen! Sie sind bereit, spannende Wissenschaftsgeschichten zu lesen, aber nicht, wenn sie im Vorspann angerissen werden wir ein Brockhaus-Eintrag.

> Das patagonische Inlandeis bildet mit seinen zwei Teilen die zweitgrößte Eisfläche außerhalb der Polarregion und ist eine der am wenigsten erforschten Wildnisse der Erde. Mit einer Ausdehnung von 23.000 km² füllt das Kontinentaleis eine Fläche von 450 bis 500 km Nord-Süd-

Ausdehnung. Die Idee der Transpatagoniak von Merten, Til und mir war, eine Querung des südamerikanischen Kontinents vom Pazifik zum Atlantik mit den Kajaks durchzuführen. Damit verbunden war die fünfte West-Ost-Querung der patagonischen Eisfläche. Auf den Spuren des Pioniers H. W. Tilman suchten wir den Weg über den Fjordo Clavo (Chile) bis zum Glaciar Perito Clavo (Argentinien). Weiter sollte uns der Lago Argentino mit seinem Abfluss Rio Santa Cruz führen.

KLETTERN

Der Vorspann häuft Informationen aufeinander, ohne klarzumachen, warum der folgende Artikel lesenswert sein sollte. Er klingt wie der Anfang eines Schüleraufsatzes. Kürzer und spannender hätte er so lauten können:

Einmal quer durch Südamerika. Vom Pazifik zum Atlantik. Mit dem Kajak und übers Eis. Was drei Abenteurer auf den Spuren des Forschers H.W. Tilmans erlebten.

Wer unbedingt auf Volkshochschule setzen will, sollte zumindest dem Leser verheißen, dass ihn kein Lexikon-Artikel erwartet, sondern ein Lernerlebnis, dass er also etwas Interessantes und Wissenswertes erfährt:

Jährlich erleben vier Millionen Besucher aus aller Welt den Grand Canyon in seiner Erhabenheit von den verschiedenen Aussichtspunkten des 1919 zum Naturpark erklärten Areals. Mit seinen 445 Kilometern Länge, einer durchschnittlichen Breite von 16 und einer Tiefe von bis zu 1,6 Kilometern ist der Canyon nicht nur ein unvergleichliches Naturschauspiel. Wie an keinem zweiten Ort der Erde lässt sich die geologische Geschichte unseres Planeten an den Felswänden studieren.

MATE

Auch dieser Vorspann gewönne durch Kürze und Anschaulichkeit. Dazu muss man die Informationen raffen und die Verlockung, die im letzten Satz steckt, herausarbeiten.

445 Kilometer lang, 16 Kilometer breit, 1,6 Kilometer tief – für Millionen Besucher ist der Grand Canyon ein unvergleichliches Naturerlebnis. Geologen lesen seine Felswände wie ein Buch zur Erdgeschichte.

Ein wenig Bauchschmerzen bereiten die drei Zahlen am Anfang. Die wenigsten Leser werden auf Anhieb eine Vorstellung davon haben, wie lang 445 Kilometer genau sind. Man kann sie meines Erachtens aber trotzdem nutzen, denn sie signalisieren dem Gehirn: ziemlich lang, ziemlich breit, ziemlich tief.

> ### 4. Ein Vorspann sollte augenzwinkernd locken.

Der ideale Vorspann muss mit den Augen zwinkern und dem Leser sagen: Im Text steckt noch viel mehr. Gut gelungen ist in diesem Sinne ein Vorspann im NZZ FOLIO:

> Noch nach 17 Jahren in der Schweiz gratuliert man mir zu meinem Deutsch, sobald ich meinen Namen nenne.
> VON DARKO CETOJEVIC

Der Leser erwartet – zu Recht – nun einen launigen Artikel des Autors. Der Vorspann funktioniert natürlich nur deshalb so gut, weil die Autorenzeile unmittelbar nachfolgt. Dies zeigt, dass beim Schreiben eines guten Vorspanns auch bedacht werden muss, wie dieser im Layout steht. Damit kann man auch verhindern, dass das Bild den Vorspann konterkariert.

> ### 5. Der Vorspann darf Fragen stellen.

Ähnlich wie die Überschrift kann der Vorspann dann Fragen stellen, wenn der Artikel die Antwort darauf gibt. Die Fragen dürfen dabei weder allzu abgedreht noch zu naheliegend sein. Welche Fragen würde sich der Leser selbst stellen? Der Vorspann ist dann so aufgebaut, dass am Anfang eine allgemein akzeptierte Aussage steht, die durch die Frage weitergeführt wird, vielleicht sogar eine bedrohliche Dimension erhält:

> Grippe ist keine harmlose Erkältungskrankheit, sondern ein Killer. Jetzt bedroht das Virus H5N1 viele Millionen Menschen. Ist Deutschland vorbereitet?
> ZEIT WISSEN

Oder eine allgemeine Aussage erhält durch die Frage eine ungewöhnliche Wendung:

> Jeder weiß: Alles wird immer teurer. Was aber passiert, wenn einmal nicht mehr alles teurer wird?
> READER´S DIGEST

Der Artikel befasst sich mit den positiven Seiten einer gemäßigten Inflation.

6. Der Autor sollte Abwechslung schaffen.

Variatio delectat, Abwechslung erfreut. Wer Zeitschriften macht, sollte auf seine Heftdramaturgie achten. Dazu gehört auch, dass nicht alle Vorspanne einer Zeitschrift nach dem gleichen Muster gestrickt sind. Denn auf Dauer langweilt die interessanteste Methode, und die beste Lockung versagt, wenn der Leser mit der gleichen Machart schon fünfmal vorher konfrontiert worden ist. Im Folgenden werden fünf Typen von Vorspannen vorgestellt. Nicht jeder eignet sich für jeden Artikel. Auch handelt es sich um Prototypen. In der Praxis wird man die einzelnen Typen so genau nicht unterscheiden können. Wichtig aber ist, dass diese Typen auf unterschiedlichen Funktionsprinzipien beruhen, die sich Redakteure zunutze machen können, wenn sie den Vorspann für einen Artikel formulieren.

3.5 Vorspann-Typen

Der Anreißer (Cliffhanger)

Der Inhalt eines Artikels wird bei diesem Vorspann-Typ kurz angerissen. Der Autor erzählt in wenigen Worten einen Teil der Geschichte, bricht dann aber kurz vor dem Höhepunkt ab. Der Leser wird damit neugierig gemacht auf den Fortgang der Handlung oder die Erklärung dessen, was ihm kurz vorgestellt worden ist. Der Anreißer orientiert sich am „cliffhanger" in den Fernsehserien nach US-Vorbild. Am Ende jeder Folge bricht die Handlung kurz vor einem neuen Höhepunkt ab, die Schlussmelodie setzt ein und verweist den Zuschauer darauf, am folgenden Tag erneut einzuschalten, um zu erfahren, wie es weitergeht. Bildlich kann man sich das so vorstellen: Der Held hängt mit einer Hand an einem Felsvorsprung. Die Kraft seiner Finger lässt nach. Unter ihm bröckeln Steine krachend in die Tiefe. Der Held blickt nach unten: ein 200 Meter tiefer Abgrund, ganz unten eine wilder, felsiger Bergbach. Da rutscht er ab ... Schlussmelodie. Ende der Folge.

So ungefähr ist der Anreißer aufgebaut. Symbolisch stehen anstelle der Schlussmelodie im Fernsehen in der geschriebenen Sprache oft drei Punkte.

> Radprofi Erwann Menthéour will ein Star werden. Er schluckt und
> spritzt, was man ihm gibt. Zunächst hat er Erfolg ...
> READER´S DIGEST

Diese Art des Vorspanns eignet sich besonders gut für Reportagen über dramatische Ereignisse. Eine Reportage in READER´S DIGEST über einen Flugzeugabsturz, bei dem sich sechs Fallschirmspringer gerade noch retten konnten, hatte folgenden Vorspann:

> Für die sechs Männer geht zunächst alles glatt – dann gerät das
> Flugzeug außer Kontrolle ...

Dieser Vorspann ist immer im Präsens, um die Dramatik der Ereignisse und die Unmittelbarkeit für den Leser zu erhöhen. Sie entsprechen damit der Zeitform, in der auch die Reportage geschrieben ist.

Im folgenden Beispiel handelt es sich um den Vorspann einer Wissenschaftsreportage über die Forschung mit Grippe-Erregern. Auch er baut Spannung auf und verheißt dem Leser, dass der Text in klassischer Reportagemanier auf einen Höhepunkt zusteuert – und in der Regel diese Spannung am Ende auch auflöst.

> Der Grippe-Erreger ist ein Alptraum für Virologen: Jederzeit könnte
> das Virus zu einem Monster mutieren. Experimente mit ihm sind ein
> Spiel mit dem Feuer
> SÜDDEUTSCHE ZEITUNG WISSEN

Auf den zweiten Satz könnte sogar verzichtet werden, denn dass das Virus zu einem Monster mutieren könnte, sagt bereits aus, dass Experimente damit gefährlich sind. Die Überschrift zu diesem Artikel fängt ebenfalls das Bedrohliche ein:

Anatomie eines Killers

Nach dem Prinzip des Anreißers lassen sich sogar spannende und anregende Autorenhinweise formulieren, wie hier in der FREUNDIN:

> Gordon Detels, 28, ist freier Autor. Er schreibt u. a. für „Neon" und „FHM". Seit fünf Jahren lebt er mit seiner Freundin zusammen. Das klappt im Prinzip gut – bis auf ein Problem

Der Appetithappen

Dieser Vorspann zählt die Höhepunkte einer Geschichte auf, serviert sie gleichsam als Appetithappen – macht aber zugleich Hunger auf mehr. Das bedeutet: Der Vorspann darf nicht zu viel erzählen, sondern muss sich auf Stichworte beschränken, die beim Leser aber sofort ein klares Bild aufkommen lassen:

> Sportsmann, Sammler, Weinliebhaber: Der Dichter liebte das Leben und die leiblichen Genüsse.

schreibt READER´S DIGEST zu einem Artikel unter der Überschrift

Goethe wie ihn keiner kennt

Der Vorspann nennt die drei Höhepunkte des Artikels über Goethe, doch er lässt offen: Welchen Sport betrieb Goethe? Was sammelte er? Und wie war das mit dem Weinliebhaber?

Ähnlich verfährt das NZZ FOLIO:

> Raser, Schläger, Einbrecher: Einwanderer aus dem ehemaligen Jugoslawien stehen in der Kriminalstatistik an der Spitze. Doch die Zahlen sagen nicht alles.

Hier erfährt der Leser bereits eine ganze Menge über das Thema des Artikels, aber das Geheimnis hinter den vermeintlich missinterpretierten Zahlen muss er im Text nachlesen.

In beiden Fällen arbeiteten die Autoren mit einem Dreiklang am Anfang. Nur zwei Stichwörter oder vier hätten dem Vorspann die Wirkung genommen.

Häufig eignet sich diese Form des Vorspanns gut für Ankündigungen, Retrospektiven und Vorschauen, zum Beispiel auf Ausstellungen. So arbeitet die Zeitschrift ART in einem Lead mit drei emotional aufgeladenen Begriffen:

> Seit den dreißiger Jahren erkundet Carol Rama in ihren Bildern das Schattenreich von Sex, Gewalt und Krankheit. Im Alter von 85 Jahren wird sie gewürdigt – mit dem Goldenen Löwen der Biennale.

Die Beispiele zeigen, dass der Appetithappen besonders gut funktioniert, wenn bei den drei Begriffen zusätzlich etwas Düsteres, Unheilschwangeres mitschwingt.

Eine Reportage mit der Überschrift

Der letzte Jude von Auschwitz

in READER´S DIGEST hat den Vorspann

> Die Juden in Polen sind heute eine winzige Minderheit. Sie haben keine Erinnerung an ihre Vergangenheit, eine unsichere Gegenwart und eine ungewisse Zukunft

Die Reportage selbst greift die drei Begriffe Vergangenheit, Gegenwart und Zukunft wieder auf und verbindet so den Vorspann mit dem Artikel.

Die Geschichte im Kleinen (Story in a nutshell)

Dieser Vorspann fasst den Küchenzuruf des Artikels in zwei bis drei Sätzen zusammen. Die Kunst besteht darin, spannend zu bleiben. Das gelingt nur, wenn sich der Lead-Autor ganz auf Kürze konzentriert. Wird dieser Typ des Vorspanns zu lang, so tendiert er dazu, die nachrichtliche Form anzunehmen – und damit die notwendige Lockfunktion nicht mehr zu erfüllen.

Noch vor dem Afghanistan-Einmarsch der Alliierten nach den Attentaten vom 11. September brachte READER´S DIGEST unter der Überschrift

Afghanistan: Die Angst hinter dem Schleier

folgenden, sehr kurzen Vorspann:

Die Taliban brachten den Terror und raubten den Frauen die Freiheit

Damit war bereits alles gesagt, was in der darunter stehenden Reportage behandelt wurde. Und doch schafft gerade diese Dichte ausreichend Spannung, um den Leser zum Weiterlesen zu veranlassen. Die Zeitschrift DAMALS hingegen verbaselt durch ihre Geschwätzigkeit die Wirkung ihres Vorspanns:

Sie traten relativ geräuschlos in die Weltgeschichte ein, schufen dann aber einen riesigen multiethnischen Staat, dessen zivilisatorischer Standard dem ihrer jeweiligen europäischen Zeitgenossen mehr als gleichkam: die Osmanen.

Für den geschichtsinteressierten Leser verheißt der Artikel natürlich Spannendes, weil er erwarten kann: Hier steht, wie sie lebten, liebten und herrschten. Der Vorspann lässt sich aber retten, wenn man die überflüssigen Worte streicht und die Aussagen verknappt:

Sie traten geräuschlos in die Weltgeschichte ein, eroberten sich ein gewaltiges Vielvölkerreich und schufen eine überlegene Zivilisation: die Osmanen.

Die Verblüffung

Der verblüffende Vorspann konfrontiert den Leser mit einem Paradoxon. Dabei handelt es sich entweder um eine Aussage, die scheinbar in sich widersprüchlich ist, oder die der allgemeinen Lebensweisheit widerspricht.

Zu Pfingsten ziehen sie wieder in die Natur: die Pfadfinder. Stehen in aller Herrgottsfrühe auf, lassen sich herumkommandieren, schuften wie die Packesel. Und haben auch noch Zulauf.

CHRISMON

In diesem Beispiel werden allerlei nicht unbedingt erstrebenswerte Lebensumstände mit der Tatsache in Verbindung gebracht, dass es dennoch Menschen gibt, die sich davon angezogen fühlen. Die Auflösung für diesen Widerspruch erfährt der Leser im Artikel.

Verblüffend ist ein Vorspann auch, wenn er eine Behauptung aufstellt, die den Erwartungen des Lesers radikal widerspricht:

Pornos sind Männersache. Stimmt, sagt die Kulturwissenschaftlerin Corinna Rückert. Aber nur, weil der Gesetzgeber es will.

U _ MAGAZIN

Der Ratgeber

Dieser Vorspann verspricht den Lesern im folgenden Artikel Tipps, die das Leben besser, schöner, gesünder, leichter machen – also Nutzwert.

Ehevertrag – Schon vor der Hochzeit an die Scheidung denken
Von Lina Panitz
Hochzeit mit Schnapszahl: Viele Paare heiraten am 8.8.08. Bei aller Romantik sollten vor allem Frauen das neue Unterhaltsrecht berücksichtigen, das die neue Partnerin vor die Ex stellt. Vorbeugen ist umso wichtiger – denn jede zweite Ehe wird wieder geschieden. WELT ONLINE gibt Tipps für wasserdichte Eheverträge. mehr ...

Und bei einer Fitness-Zeitschrift:

Unsere Fitness-Formel: Sport und Bewegung. Wir sagen, welche Sportart am besten geeignet ist, um schlank und fit zu bleiben – und wie viel Sport wirklich nötig ist.

MEN´S HEALTH

Auch online kümmert sich die Redaktion unter MENSHEALTH.DE um die zwei entscheidenden Problemzonen des Mannes:

Der Weg zum Waschbrett
Der Bauch-Weg-Guide
Wir machen Sie schlank – in Rekordzeit. Und wir zeigen Ihnen den effektivsten Weg zum Waschbrettbauch

Was macht IHN länger?
Penis-Extender im Vergleich
Kann man den Penis auch ohne Operation verlängern? Men's-Health-Redakteure haben die vielversprechendsten Extender selbst getestet

Man kann den Nutzwert auch auf durchaus subtile Weise versprechen:

Liebe
Von Männern lieben lernen
Manchmal ist es besser, auf Distanz zu gehen, als eine Endlos-Diskussion zu führen. Zu schweigen, als sich Vorwürfe an den Kopf zu knallen. Verblüffend einfache Liebes-Lektionen von Kerlen ... mehr
FREUNDIN.DE

Nutzwert ist eine Stärke der Medien. Leider werden oft selbst gute Nutzwertartikel unter Wert verkauft – der Leser kann dem Vorspann nicht entnehmen, dass ihm im Artikel Nutzwertiges geboten wird.

3.6   Stolperfallen beim Vorspann

Wer einen guten Vorspann oder Teaser schreiben will, muss zwei Fragen an den Artikel beantworten:

- Was könnte der Leser im Text spannend finden?
- Warum soll er den Text überhaupt lesen?

Wer keine Antwort auf diese Fragen hat, sollte nicht nur auf den Vorspann, sondern auf den Abdruck des gesamten Artikels verzichten. Jeder Redakteur sollte diese beiden Fragen an seinem PC stehen haben. Niemand dürfte anfangen zu arbeiten, bevor er darauf eine Antwort hat.

Darüber hinaus gibt es noch weitere Fallen, die auch einen an sich interessanten Vorspann missglücken lassen:

Geschwätzigkeit

In manchen Redaktionen, so hat man den Eindruck, sind die Mitarbeiter zum lyrischen Höhenflug verpflichtet – und landen bei der Stilblüte. Synonyme statt der eigentlich gemeinten Begriffe, ausschweifende Umschreibungen, statt kurz und knapp zu sagen, um was es geht, verhindern beim Leser die schnelle Orientierung.

> Braune Krusten selbst zu backen ist viel mehr als nur die Zubereitung hochwertiger Nahrungsmittel – es schmeckt einfach wunderbar, macht richtig Spaß, und ein Urerlebnis ist es obendrein. Hier drei Rezepte für Novizen:
> LAURA

Um was geht es? Braune Krusten? Gemeint ist Brot. Warum „einfach" wunderbar? Warum „richtig" Spaß? Und was ist in diesem Zusammenhang ein Urerlebnis? Warum heißt es Novizen? Knapp und einleuchtend hätte der Vorspann so heißen können:

> Brot ist gesund und schmeckt. Wer es selbst backt, hat auch noch Spaß dabei. Hier drei Rezepte für Anfänger:

Modewörter und Blähwörter

Nichts sagende Modewörter belasten einen Vorspann und langweilen den Leser. Das Problem mit Modewörtern (wie kreativ, innovativ, nachhaltig): Sie bleiben nicht mehr im Gedächtnis der Leser haften. Und sie sind nicht spezifisch. Nachher weiß der Leser gar nicht mehr, wem er diese tausendmal bedeutungsleer gehörten Wörter zuordnen soll. Blähwörter sind Blähung von klaren Begriffen. Oft sind „Bereich", „Kategorie" und „System" solche Blähungen.

137

Als Unternehmen, das sich zum Leitbild der Nachhaltigkeit bekennt, engagiert sich die Deutsche Telekom unter anderem in dem wichtigen Aktionsfeld Klimaschutz.

UMWELT MAGAZIN

Auf den Begriff Nachhaltigkeit, obgleich Modewort, kann man hier nicht verzichten, ohne die Aussage zu sehr zu beschneiden, aber vieles andere kann für mehr Klarheit gestrichen werden:

Die Deutsche Telekom bekennt sich zur Nachhaltigkeit – auch im Klimaschutz.

Wer sich zu sehr im Labyrinth der Blähungen und Modewörter verliert, verändert sogar den Sinn und provoziert Missverständnisse:

Ursprünglich eingeführt, um Führungskräften Zeit für die Familie zu verschaffen, sorgen moderne Kommunikationsmittel hauptsächlich für die permanente Verfügbarkeit der Arbeitnehmer.
WIRTSCHAFTSWOCHE

Dieser Vorspann suggeriert, dass der Artikel davon handelt, wie Handys und Laptops („moderne Kommunikationsmittel") den Führungskräften die knappe Freizeit rauben.

Im Anreißer des Inhaltsverzeichnisses der Zeitschrift klingt das aber schon ganz anders (wenn auch das englische Wörtchen „versus" etwas störend ist):

Familie versus Job: Viele Manager schaffen ihre Laptops wieder ab – der Familie wegen.

Mangel an Sensibilität

Vorspanne sind Verknappungen. Sie versuchen, die Komplexität der Wirklichkeit in wenige Wörter und Zeilen zu pressen. Gerade deshalb laufen sie Gefahr, vielleicht nur durch ein, zwei leichtsinnig gewählte Wörter einen schiefen Eindruck, einen schalen Geschmack zu hinterlassen.

Mai 1945. Deutschland hat kapituliert. Seine Schriftsteller sind in norwegischer Kriegsgefangenschaft oder unter kalifonischer Sonne, sie drehen Filme im Allgäu oder lassen sich malen im Tessin

FRANKFURTER ALLGEMEINE SONNTAGSZEITUNG

Die Schriftsteller, die hier „unter kalifornischer Sonne" leben, scheinen Urlaub zu machen. In Wirklichkeit waren sie aber im Exil, vertrieben von den Nazis. Sicher eine ungewollte Konnotation im Vorspann, aber zu vermeiden, wenn man das Wort „Sonne" durch „Exil" ersetzt: „im kalifornischen Exil".

3.7 Anreißer / Teaser

Anreißer auf den Titelseiten von Tageszeitungen dienen als eine Art Inhaltsverzeichnis. Sie sollen, in aller Kürze, spannend genug sein, um die Leser zum Nachblättern in der Zeitung zu animieren. Dafür eignen sich gut Formulierungen, die ein Mehr an Information versprechen:

100 Jahre Las Vegas: Was wir der Stadt des Glamours verdanken

WELT AM SONNTAG

Anreißer funktionieren auch online:

Schöner shoppen: Warum die Russen Baden-Baden so sehr lieben

WELT ONLINE

Die Neigung ist groß, sich mit Allgemeinplätzen im Anreißer davonzustehlen. Diese langweilen allerdings nur:

Bischof Heinz Josef Algermissen stellte die Veränderungen in den Mittelpunkt seiner Pfingstpredigt.

FULDAER ZEITUNG

Welche Veränderungen sind wohl gemeint? Der Autor geht davon aus, dass der Leser dies weiß, denn sonst hätte er nicht den bestimmten Artikel gewählt. Und darüber hinaus: Es ist besser mitzuteilen, was der Bischof gesagt hat und nicht, worüber er gesprochen hat. Zeilen wie „Redner Paul Schwätzer hielt einen amüsanten Vortrag" sind in jedem Artikel für den Leser frustrierend, denn er hätte vielleicht gerne mitgelacht, erfährt aber nicht, was es zu Lachen gab.

4   Die Bildunterschrift

Aus Untersuchungen über den Blickverlauf wissen wir, dass Bildunterschriften auf einer Seite als erstes gelesen werden. Der Leser möchte sich offenbar vergewissern, ob er das Bild richtig interpretiert hat und in welchem Zusammenhang es steht. Leser erwarten deshalb von der Bildunterschrift, dass sie eine Verständnishilfe für das Bildmotiv ist. Vor allem erwarten sie aber, dass es überhaupt eine Bildunterschrift gibt.

Deshalb gilt als wichtigste Regel: *Jedes Bild hat eine Bildunterschrift!*

Bei Zeitungen wird diese Regel meist eingehalten, da die Bildunterschriften fester Bestandteil des Layouts sind. Auch gut gemachte Zeitschriften haben immer eine Bildunterschrift. Zeitschriftenmacher sollten sich allerdings nicht von Grafikern einschüchtern lassen, denen Bildunterschriften manchmal ein Dorn Auge sind, weil sie das ästhetische Gesamtbild stören. In diesem Falle gilt: Lesbarkeit und Leserfreundlichkeit kommen vor grafischen Schönheitsidealen. Das bedeutet, dass Bildunterschriften auch bei Symbolbildern oder Aufmacherbildern (etwa bei einem doppelseitigen Aufmacher) notwendig sind.

Online ist die Situation nicht ganz so klar. Bilder, und damit Bildunterschriften, werden online vom Leser weniger prominent wahrgenommen als in Printmedien. Auch werden fehlende Bildunterschriften im Inter- und Intranet seltener als Mangel empfunden. Das mag daran liegen, dass Bilder online oft klein sind und in vielen Fällen nur als Symbolfotos dienen. Trotzdem sollte im Internet nicht auf Bildunterschriften verzichtet werden. Sie sind eine gute Möglichkeit, Keywords für die Suchmaschinen unterzubringen. Daraus ergibt sich auch, dass die Bildunterschriften im Internet immer präzise beschreiben sollten, was auf dem Bild zu sehen ist.

4.1 Zwölf Regeln für Bildunterschriften

1. Die Bildunterschrift muss das Motiv des Bildes erklären.

Henri Nannen sprach davon, dass die Bildunterschrift (BU) dem Leser das Bild vorlese. Das heißt, es erklärt ihm, was das Motiv zu bedeuten hat und in welchem Zusammenhang es mit dem Küchenzuruf des Artikels steht. Jede Bildunterschrift muss zunächst einmal mitteilen, was dargestellt ist. Zeigt das Foto zum Beispiel eine Schale Erdbeeren, so muss die Bildunterschrift das Motiv, Erdbeeren, auf jeden Fall aufgreifen, damit der Leser einen Zusammenhang zwischen dem Text der Bildunterschrift und dem Bild herstellen kann. Die Bildunterschrift

Eine Schale Erdbeeren

wäre dafür jedoch sicher zu banal. Sie unterfordert den Leser. Deshalb sollte eine zusätzliche Information gegeben werden, die auf den Inhalt des Artikels und seinen Küchenzuruf verweist. Also zum Beispiel:

Eine Schale Erdbeeren enthält so viel Vitamin C wie drei Zitronen.

oder

Wer täglich eine Schale Erdbeeren isst, lebt gesünder.

Die NEUE ZÜRCHER ZEITUNG ist berüchtigt dafür, dass ihre Bildunterschriften nur nüchtern benennen, was auf dem Bild zu sehen ist. Unter einem Foto mit Fässern und Flugzeugen steht dort:

Sprühflugzeuge des Typs OV-10 und Herbizidfässer auf dem Flugplatz von Cucutá.

Das hat den Vorteil, dass der Leser exakt erfährt, was auf dem Foto abgebildet ist. Andererseits wird er sich fragen: „Na und?" Die Bildunterschriften der NZZ bieten also keinerlei Anreiz, den Artikel zu lesen.

Sprühflugzeuge des Typs OV-10 und Herbizidfässer auf dem Flugplatz von Cucutá. (Bild ap)

Einige Redakteure argumentieren, der Leser werde so neugierig gemacht, weil er wissen wolle, was es mit dem Motiv auf sich habe. Dieses Argument aber zieht nicht. Die meisten Leser reagieren nicht interessiert, sondern gelangweilt.

Besser ist es, wenn die Bildunterschrift den vermutlichen ersten Eindruck vom Foto aufgreift und die Informationen über den Bildinhalt darin verpackt. So wie die WELT KOMPAKT in ihrem Sportteil:

Erfolg macht sexy: Hasan Sallhamidzic (l.) geht seinem Bayern-Kollegen und Torschützen Roy Makaay an die Wäsche FOTO: AP

In dem Anzeigenblatt FULDA AKTUELL hingegen erfährt der Leser nicht, was und wen er auf dem Bild (einem Filmfoto) zu sehen bekommt. Er sieht einen Mann und eine Frau rauchend im Bett liegen und liest dazu die kryptische BU:

Als „Deutsche Feinkost zum Anfassen" stellen sich fünf Freunde den Wünschen der Frauen.

Als „Deutsche Feinkost zum Anfassen" stellen sich fünf Freunde den Wünschen der Frauen.   Foto: MK

2. Die Bildunterschrift sollte alle Fragen beantworten, die ein normaler Leser an das Bild stellt.

Diese Regel macht es dem Autor der Bildunterschrift im Grunde sehr einfach. Er muss sich nur die Frage stellen: Was würde ich wissen wollen, wenn ich als unbedarfter Leser dieses Bild betrachte? Die Schwierigkeit liegt lediglich darin, sich als Redakteur in einen unbedarften Leser hineinzuversetzen. Ein unbedarfter Leser kennt nämlich in der Regel den Inhalt des Artikels nicht, der zum dem Bild gehört. Also sollte die BU auch ohne dieses Wissen verständlich sein. Besser noch: Sie macht neugierig auf den Inhalt des Artikels.

Helfen können dem Redakteur die W-Fragen. Die wichtigsten davon sollten in der Bildunterschrift beantwortet werden: Wer oder was ist auf dem Bild zu sehen? Wer ist wer? Wer steht wo? Wann ist das Bild aus welchem Anlass entstanden? Was hat das Motiv zu bedeuten?

Zum Beispiel stellt sich der Leser der STUTTGARTER ZEITUNG beim Betrachten eines Fotos von der Verleihung des Medienpreises Bambi die Frage: Wer sind die abgebildeten Personen? Selbst Tom Cruise und Sophia Loren müssen nicht jedem Leser bekannt sein.

Vergangenes Jahr hat Maria Furtwängler (zweite von links) die Bambis ihres Verleger-Gatten Hubert Burda noch in Düsseldorf vergeben.   Foto dpa

In der gleichen Zeitung wird sich der Leser auch fragen: Was hat es mit der Buddha-Figur auf sich, die in das Bild hineinmontiert wurde? Handelt es sich überhaupt um einen Buddha oder um eine hinduistische Gottheit?

145

Und bei SONNTAG AKTUELL bleibt der Leser im Unklaren darüber, wo sich die abgebildete Wahlveranstaltung abgespielt hat.

Überall auf der Welt, in London, Paris oder Berlin, machen die Parteien mit großen wie kleinen Anhängern Wahlkampf für die Primaries.

Es muss nicht auf jede W-Frage eine Antwort geben, sondern nur auf diejenigen, die sich ein vernünftiger Leser stellen würde. Im angelsächsischen Journalismus ist es üblich, auf einem Bild sämtliche abgebildeten Personen zu identifizieren oder zumindest zu benennen. So kann es zu Bildunterschriften kommen wie

Prime minister Gordon Brown with two of his security guards.

Im Deutschen neigen Redakteure dazu, nur die prominenten Figuren zu benennen. Wer nicht wichtig ist, wird einfach nicht erwähnt. Jeder Autor einer Bildunterschrift sollte sich überlegen, ob er nicht besser angelsächsischen Egalitarismus dem deutschen Snobismus vorzieht. Zumal dann, wenn sich der Leser in der Tat die Frage stellt: Wer ist diese Person? In diesem Beispiel in der STUTTGARTER ZEITUNG sieht man zwischen dem baden-württembergischen Ministerpräsidenten Günther Oettinger und dem bulgarischen Staatspräsidenten eine Frau. Die BU sagt dem Leser richtigerweise, um wen es sich handelt.

Oettinger bei Bulgariens Staatspräsident Parvanov (rechts, daneben eine Dolmetscherin).

Oettinger bei Bulgariens Staatspräsident Parvanov (rechts, daneben eine Dolmetscherin). Foto Sage

Noch besser hätte man es zweizeilig sagen können:

Ministerpräsident Oettinger bei Bulgariens Staatspräsident Parvanov (rechts). In der Mitte eine Dolmetscherin.

Die meisten Redaktionen kennen eine Obergrenze bei der Anzahl der Personen, die namentlich aufgeführt werden. In der Regel ist es sinnvoll, sie bei sechs bis acht Personen zu ziehen. Sind mehr Menschen abgebildet, so reicht eine Kollektivbeschreibung aus, etwa

Die Spieler des TSV Flieden …

Wenn nötig, kann man die wichtigste Person herausheben:

Die Fischer-Chöre mit ihrem Leiter, Gotthilf Fischer …

Ausnahme: In einigen Fällen kann es sein, dass die Zahl der dargestellten Personen zwar die Obergrenze überschreitet, es aber für den Leser wichtig oder interessant ist, jeden Einzelnen zu identifizieren. Zum Beispiel:

Der neue Berliner Senat unter der Führung des Regierenden Bürgermeisters Klaus Wowereit

Eine solche Information rechtfertigt auch eine längere Bildunterschrift über vier oder mehr Zeilen.

3. Text-Bild-Schere vermeiden.

Aus dem Fernsehen ist das Problem der Text-Bild-Schere bekannt. Das bedeutet, im Bild ist etwas anderes zu sehen als die Kommentarstimme mitteilt. Da Menschen visuell orientiert sind, bleibt die Botschaft der Bilder hängen, während man sich an die Informationen der Kommentarstimme kaum erinnert. Eine Text-Bild-Schere ist auch bei Bildunterschriften in Zeitungen, Zeitschriften und im Internet möglich. Nimmt die Bildunterschrift keinen Bezug auf das Motiv, dann erscheint sie willkürlich, im ungünstigen Fall sogar lächerlich.

Beim Beispiel der Schale Erdbeeren wäre folgende Bildunterschrift eine Text-Bild-Schere:

> Besonders kranke Menschen sollten ausreichend Vitamin C zu sich nehmen.

Sie verlangt vom Leser, zu erkennen, dass die abgebildeten Erdbeeren Vitamin-C-Träger sind und sie zudem noch in Bezug auf die Ernährungsempfehlung für kranke Menschen zu verstehen.

Ein solcher Text-Bild-Fehler geschieht leicht, wenn der Autor der Bildunterschrift noch stark vom Artikel geprägt ist und sich mit dem Bild nicht auseinandergesetzt hat.

Ein typisches Beispiel aus der STUTTGARTER ZEITUNG. Das Blatt illustriert eine Geschichte über verärgerte Weinbauern in Frankreich mit Weintrauben – an sich schon ein weiter Bogen, der damit geschlagen wird. Das Foto hat die Bildunterschrift:

> Die Franzosen trinken weniger Wein als früher.

Diese Aussage hat mit den abgebildeten Weintrauben nur indirekt zu tun. Eine Text-Bild-Schere tut sich auf.

Die Franzosen
trinken weniger
Wein als früher.
Foto Steinert

Die FINANCIAL TIMES DEUTSCHLAND zeigt eine Eistüte mit drei Eiskugeln in den Farben schwarz, rot und gold und der Bildunterschrift:

> Stütze für den Aufschwung: Weil derzeit in Europa mehr für den Konsum ausgegeben wird, sind die Risiken durch die Finanzmarktturbulenzen gering.

Man muss schon ziemlich viel Eis schlecken, um damit die Risiken aus den Finanzmarktturbulenzen auszugleichen.

Solche Fehler passieren oft dann, wenn eine weitere Information noch in der Bildunterschrift untergebracht werden soll, obgleich das Motiv keine Verbin-

149

dung zu dieser Information hat. SONNTAG AKTUELL druckte das Foto von marschierenden Soldaten auf dem Platz des Himmlischen Friedens in Peking. Die Bildunterschrift bezog sich aber auf einen anderen Aufmarsch:

> Im Stechschritt marsch! Gestern kamen wieder die tausenden Abgeordneten des Chinesischen Nationalen Volkskongresses im Herzen Pekings zusammen. Zuvor kümmerten sich Sicherheitskräfte um Sicherheit und Ordnung.

Im Stechschritt marsch! Gestern kamen wieder die tausenden Abgeordneten des Chinesischen Nationalen Volkskongresses im Herzen Pekings zusammen. Zuvor kümmerten sich Sicherheitskräfte um Sicherheit und Ordnung.   Bild: dpa

Die Bildunterschrift müsste auf das Motiv eingehen, dann hätten die weiteren Informationen, die nicht dem Bild zu entnehmen sind, folgen können. Zum Beispiel:

> Im Gleichschritt marsch! Soldaten der Chinesische Volksarmee paradieren über den Platz des Himmlischen Friedens. Sie sollen die Sicherheit der tausenden von Abgeordneten des Nationalen Volkskongresses garantieren, die in Peking eingetroffen sind.

Die Fachzeitschrift GLASWELT zeigt einen Mann, der einen Molotowcocktail auf ein frei stehendes, brennendes Fenster geworfen hat. Die Bildunterschrift lautet:

Auch in 2003 wieder die kostenlosen Sicherheitsseminare von Haverkamp

*Auch in 2003 wieder die kostenlosen Sicherheitsseminare von
Haverkamp   Bild: Haverkamp*

Was haben Bild und Bildunterschrift miteinander zu tun? Nur der Experte
weiß es: Die Firma Haverkamp bietet Folien an, mit denen Fenster gegen
Wurfgeschosse gesichert werden können. Das Bild zeigt eine Vorführung
dazu auf einer Messe.

Besonders schnell gibt es eine Text-Bild-Schere, wenn es sich bei dem Foto um
ein so genanntes Symbolbild handelt, das aus dem Archiv stammt und nichts
direkt mit dem Inhalt des Artikels zu tun hat.

Die DOLOMITEN bilden eine Hand ab, die Euro-Scheine umfasst. Die
Bildunterschrift hat mit diesem Motiv nichts zu tun und greift es auch
nicht auf:

Kommt sie oder kommt sie nicht? Die Tourismusabgabe wird von
vielen Wirtschaftstreibenden im Lande skeptisch gesehen.

Kommt sie oder kommt sie nicht? Die Tourismusabgabe wird von vielen Wirtschaftstreibenden im Land skeptisch gesehen.

Redakteure sollten nicht erwarten, dass die Leser ein allgemeines Motiv und eine konkrete Bildunterschrift auf Anhieb in Zusammenhang bringen. Selbst wenn nach kurzem Nachdenken klar wird, was der Redakteur gemeint haben könnte, entsteht eine Hürde für den Leser – der im ungünstigsten Fall einfach weiterblättert.

Die STUTTGARTER ZEITUNG kombinierte ein offensichtlich dem Archiv entnommenes allgemeines Symbolbild für medizinische Forschung mit einer konkreten Information – ohne den Zusammenhang in der Bildunterschrift herzustellen. Dort steht

Für Schering könnten sich die Investitionen in das Medikament Betaferon nun noch mehr lohnen: Ein Konkurrenzprodukt ist vom Markt.

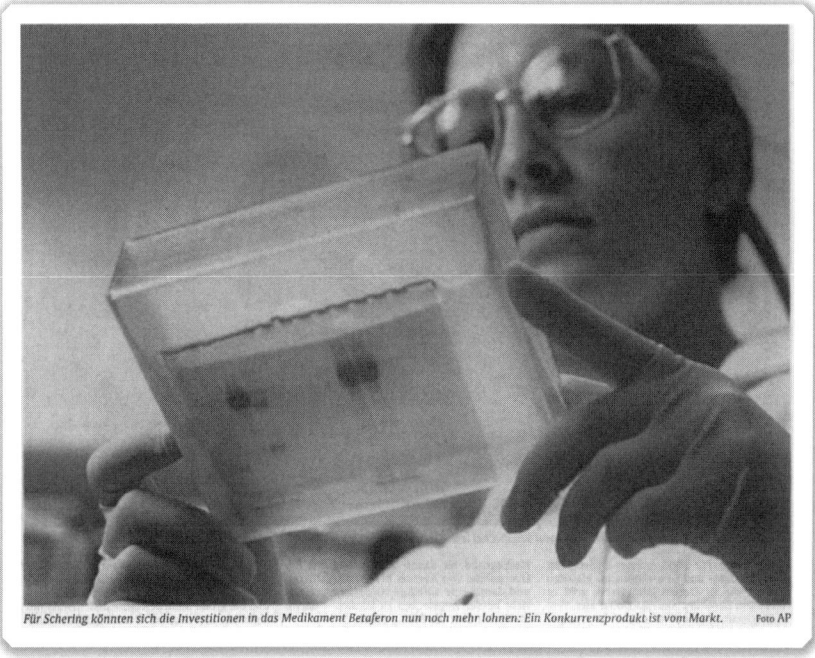

Für Schering könnten sich die Investitionen in das Medikament Betaferon nun noch mehr lohnen: Ein Konkurrenzprodukt ist vom Markt.   Foto AP

Die erste Frage, die der Autor an ein Bild stellen sollte, lautet deshalb: Was stellt es dar? Und in welchem Zusammenhang steht dieses Dargestellte mit dem Thema, dem Küchenzuruf des Artikels? Beide Informationen müssen in die Bildunterschrift eingehen.

4. Die Bildunterschrift muss korrekt sein.

Das hört sich wie eine Binsenweisheit an. Aber die Kollegen der WESTDEUT-SCHEN ZEITUNG haben wohl nicht richtig hingeschaut.

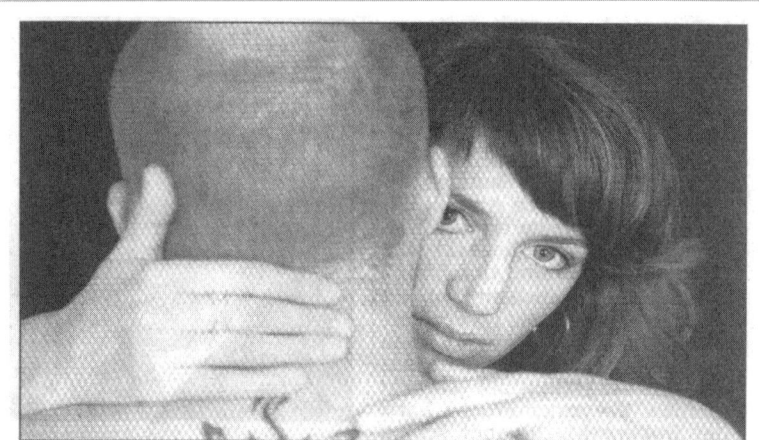

Misstrauen: Woher stammen die Kratzer auf dem Rücken Ihres
Partners?   Foto: www.aboutpixel.de

Nun, vom Tätowierer möchte man ihr zurufen. Oder meinte der Autor
etwa meines Partners? Schließlich deutet das große I bei „Ihres" darauf
hin.

Viele Reinfälle und Desaster des Journalismus sind auf falsche Bildinter-
pretationen zurückzuführen. Da die Bildunterschrift dem Leser das Bild
vorliest, gibt sie auch seine Interpretation vor. Auch deshalb ist es wichtig,
in bestimmten Fällen die Umstände anzugeben, unter denen das Bild entstanden ist. Zum Beispiel kann ein Politikerfoto, auf denen der Abgebildete
besonders griesgrämig dreinblickt, bei einer Wahlniederlage entstanden
sein. Wieder verwendet könnte diese Aufnahme, werden die Umstände
nicht angegeben, dazu angetan sein, ihn als allgemeinen Miesepeter darzu-
stellen.

Studien haben ergeben, dass die Bildunterschrift dem Leser bei der Interpretation des Bildes hilft. So wird, je nach Bildunterschrift, die auf
einem Foto abgebildete Person entweder als sympathisch oder als un-
sympathisch wahrgenommen. Das Problem für die meisten Betrachter liegt darin, dass sie die Umstände einer Aufnahme nicht kennen. So

mag zum Beispiel ein Polizist oder ein Demonstrant aggressiv reagieren, weil ihn ein anderer bedroht. Ein Pressefoto zeigt vielleicht nur die aggressive Haltung des Polizeibeamten oder Demonstranten. Die Bildunterschrift kann diesen Effekt noch verstärken – oder auch abschwächen, indem sie die Aufnahme in den Zusammenhang der Situation stellt. Das Problem dabei: Die meisten Redakteure wissen nicht, unter welchen Umständen bestimmte Fotos entstanden sind. So bleibt ihnen nur, in der Bildunterschrift mit der Interpretation vorsichtig zu sein.

Allerdings deuten einige Studien auch darauf hin, dass die visuelle Information beim Leser eine stärkere Wirkung auslöst als die verbale Information in der Bildunterschrift.

Hin und wieder unterlaufen Zeitungen besonders drastische Fehler. So druckte die TZ in München das Foto einer Frau, die im Handschuhfach eines Autos zusammengekrümmt lag. Die Bildunterschrift behauptete, es handle sich um eine Asiatin, die aus Tschechien nach Bayern geschmuggelt werden sollte. In Wirklichkeit war die Aufnahme an der Grenze zwischen Mexiko und den USA entstanden. Die TZ war allerdings unschuldig an dem Fehler: Sie hatte das Foto von der bayerischen Polizei erhalten, die es wiederum von ihren slowenischen Kollegen bekommen hatte. Und die hatten es aus einem Mitteilungsblatt des US-Zolls geklaut.

In einem anderen Fall lag die Verantwortung in der Tat bei der TZ. Nach der Tsunami-Katastrophe im Dezember 2004 veröffentlichte die Münchner Boulevard-Zeitung im Zusammenhang mit einem Artikel über die Katastrophe ein Foto, das Menschen zeigte, die vor einer Flutwelle flüchten. Die Aufnahme, so die Redaktion, zeige, wie die Flutwelle in Sri Lanka anrolle. „Wilde Panik: Die Menschen fliehen vor der drohenden Gefahr zu ihren Autos", war ein zweites Bild beschrieben. Wie sich herausstellte, war die Aufnahme aber nicht 2004 in Südostasien entstanden, sondern zwei Jahre früher in China. Im zweiten Andruck waren der Redaktion offenbar selbst Zweifel gekommen. „Diese Bilder kursieren im Internet", hieß es von da an im Artikel. „Angeblich zeigen sie die Flutwelle vom 26. Dezember …". Sie taten es nicht!

Bis heute ungeklärt sind die Umstände um ein Foto in der BILD-Zeitung im Jahre 2001. Das Blatt hatte eine Aufnahme des späteren Bundesumweltministers Jürgen Trittin bei einer Demonstration 1994 in Göttingen veröffentlicht. Die Bildunterschrift behauptete, das Foto zeige Trittin inmitten von Gewalttätern. Pfeile auf dem Bild wiesen auf einen angeblichen Schlagstock und einen Bolzenschneider, die maskierte Männer in unmittelbarer Umgebung Trittins in der Hand hielten. Später stellte sich heraus, dass es sich um eine Bildmanipulation handelte. Der Schlagstock war ein Halteseil, der Bolzenschneider ein Dachgepäckträger auf einem VW-Bus. Ob es sich um eine absichtliche Bildmanipulation in der Redaktion handelte, konnte nie geklärt werden.

Als Schlussfolgerung aus solchen Vorfällen kann man nur sagen: Die journalistische Sorgfaltspflicht gilt für den Umgang mit Fotos ebenso wie für den Umgang mit Texten – und sie erstreckt sich auch auf die Bildunterschrift. Bei Bildern, die im Internet kursieren, und deren Quelle nicht eindeutig und vertrauenswürdig ist, sollten die Redakteure die Leser ohnehin auf diesen Umstand hinweisen.

5. Eine Bildunterschrift sollte kurz sein.

Dies bedeutet, je nach Bildformat, nicht mehr als maximal drei bis vier Zeilen. So kann sich der Leser rasch orientieren und die Bildunterschrift kann ihrer Funktion nachkommen, ihn in den Artikel zu ziehen. Zudem verleitet eine zu lange Bildunterschrift dazu, zu viel zu erzählen und so die Spannung auf den Fließtext zu nehmen.
Andererseits dürfen Bildunterschriften auch nicht zu kurz sein. Sicherlich ergibt sich manchmal das Problem, dass zum Beispiel unter einspaltige Porträtfotos gerade einmal der Name passt. Dieser sollte auf jeden Fall erwähnt werden, selbst wenn die abgebildete Person bekannt zu sein scheint. Der Autor sollte keine Scheu haben, auch

Napoleon Bonaparte

oder

Horst Köhler

noch besser:

Bundespräsident Horst Köhler

unter ein Bild zu schreiben.

Bei komplexeren Bildmotiven ist eine so kurze Bildunterschrift aber nicht empfehlenswert. Sollte also wirklich nicht mehr als die Bemerkung „Eine Schale Erdbeeren" unter das Bild passen, ist es angeraten, noch einmal mit dem Layouter zu sprechen und auf eine längere Bildunterschrift zu drängen.

6. Die Bildunterschrift muss klar und verständlich sein.

Alle Regeln, die für eine klare und verständliche Sprache gelten, müssen auch bei der Bildunterschrift angewandt werden. Dazu zählt zum Beispiel, auf komplizierte, verschachtelte Satzkonstruktionen zu verzichten, Fremdwörter zurückhaltend einzusetzen und kurze, einfache Begriffe den langen, komplizierten vorzuziehen. Bildunterschriften haben eine Orientierungsfunktion. Je komplizierter sie formuliert sind, desto weniger können sie dieser Funktion gerecht werden.

Das gilt auch, wenn der Autor allzu viel Vorwissen beim Leser voraussetzt, ohne das er die Bildunterschrift nicht verstehen kann. Unter einem Szenenbild aus einer Aufführung der Mozart-Oper „Die Entführung aus dem Serail" schrieb die FRANKFURTER ALLGEMEINE ZEITUNG:

> Seile aller Arten will ich ertragen: Regina Schörg wird als Konstanze vom Bassa Selim des Markus Gertken schier stranguliert in der Oper Köln, wo man aber wie in Nürnberg keinen hängt, es sei denn, der Regisseur hätte ihn. Aber hat er ihn?

Die Überfülle an bildungsbürgerlichen Anspielungen lässt für den weniger geistreichen Leser die Bildunterschrift wirr erscheinen.

Seile aller Arten will ich ertragen: Regina Schörg wird als Konstanze vom Bassa Selim des Markus Gertken schier stranguliert in der Oper Köln, wo man aber wie in Nürnberg keinen hängt, es sei denn, der Regisseur hätte ihn. Aber hat er ihn?

Foto Klaus Lefebvre

Zuckerpuppenmord

Die Entführung aus dem Detail: Torsten Fischer inszeniert Mozart an der Kölner Oper

7. Zusatzinformationen abwägen.

Bildunterschriften können Informationen enthalten, für die im Fließtext kein Platz war. Aber Vorsicht: Der Leser könnte nach genau diesen Informationen im Text suchen!

Zu der Frage, ob die Bildunterschrift zusätzliche Details oder Informationen enthalten kann, die sich nicht in den Fließtext des Artikels einfügen lassen konnten, gibt es zwei Lehrmeinungen. Für beide sprechen gute Argumente.

Die einen halten dies für eine gute Möglichkeit, da sich dadurch der Artikel entschlacken lässt und interessante, mühselig recherchierte Fakten, die sonst dem Leser vorenthalten blieben, vermittelt werden können. Die Bildunterschrift hat nach dieser Auffassung hier eine ähnliche Funktion wie ein Infokasten.

Die andere Auffassung, der ich zuneige, lehnt eine solche Ausgliederung ab. Dies wird mit den Lesegewohnheiten und der Funktion der Bildunterschrift begründet: Sie soll dem Leser, neben der Erklärung des Bildmotivs, den Artikel schmackhaft machen. Die Bildunterschrift verspricht ihm also, dass das, was ihm dort vermittelt wird, in größerer Ausführlichkeit im Artikel wieder auftaucht. Der Leser sucht jene Informationen, mit denen er in der Bildunterschrift gelockt worden ist, im Artikel. Findet er dort keine Anknüpfungspunkte, fühlt er sich getäuscht.

Auf jeden Fall abzuraten ist es, eine Person abzubilden, die dann im Text nicht auftaucht. So wird in dem Artikel in der BERLINER ZEITUNG Matt Harding überhaupt nicht erwähnt, taucht aber als Bild mit Bildunterschrift auf.

Unerwünschte Bilder im Internet

INTERNETRECHT Wer im Netz auftaucht, kann sich dagegen kaum wehren.

Von Bettina Vogt

Düsseldorf. In Internetvideos kann jeder auftauchen. Jeder, der irgendwann von einer Kamera aufgezeichnet worden ist – auf offener Straße, auf einem Fest oder zu Hause. Doch nicht immer wissen die Betroffenen, dass Aufnahmen von ihnen im Netz existieren. Und selbst wenn sie es erfahren, ist es schwierig, sich gegen die zu wehren, die sie online gestellt haben.

„In der Theorie hat jeder den Anspruch auf den Schutz seines Persönlichkeitsrechts", sagt Rechtsanwältin Eva Dzepina von der Düsseldorfer Kanzlei Strömer Rechtsanwälte, die sich auf Internetrecht spezialisiert hat. „Ohne Zustimmung der Betroffenen dürfen Bilder von Privatper-

sonen nicht veröffentlicht werden, auf denen sie klar erkennbar sind. Auch nicht im Internet."

Das Problem liegt in der Praxis. Denn um jemanden belangen zu können, muss er bekannt sein. Das herauszufinden, ist aus verschiedenen Gründen schwierig. Denn wer das Video gemacht hat, muss es nicht auch ins Netz gestellt haben. Zudem sind Internetsurfer oft anonym unterwegs.

Betroffene können den Betreiber der Seite verklagen

Kann der Urheber nicht gefunden werden, bleibt die Möglichkeit, den Betreiber der Webseite aufzufordern, es von der Seite zu nehmen. „Geschieht das nicht, kann der Betroffene gegen den Be-

treiber klagen", sagt Dzepina. Damit ist allerdings ein hohes Kostenrisiko verbunden, denn Anwaltskosten und Gerichtsgebühren müssen vorher gezahlt werden.

Je nachdem, wie intim oder verletzend das Video ist, muss das Risiko einer Niederlage vor Gericht abgeschätzt werden. Handelt es sich um ein sehr privates Video, zum Beispiel eine Aufnahme beim Duschen oder beim Sex, ist die betroffene Person eindeutig erkennbar, wird eine Schadenersatzklage und eine Klage auf Unterlassung erfolgreich sein – zumindest nach deutschem Recht.

Und selbst wenn es am Ende doch gelungen ist, die Aufnahme vom Videoportal zu verbannen, kann sie an an-

Matt Harding wurde durch seine Filme in Youtube bekannt. Nun ist er Berufsfilmer. Foto: dpa

derer Stelle wieder auftauchen – zum Beispiel per Rundmail von jemandem, der sie längst gespeichert hatte oder auf einem anderen Portal. „Man muss sich einfach damit abfinden, dass so etwas jedem passieren kann", sagt Dzepina. „Meist verlieren solche Videos schnell gesellschaftlich an Bedeutung."

8. Die Bildunterschrift darf nicht wiederholen, was schon in der Überschrift und im Vorspann steht.

Der Blick des Lesers wandert von der Bildunterschrift über die Überschrift
zum Vorspann in den Text. Findet er in der Überschrift wieder, was er bereits
– womöglich in fast den gleichen Worten – in der Bildunterschrift gefunden hat,
wird sein Interesse nachlassen: Viel mehr haben die mir wohl nicht zu sagen …

9. Bildunterschriften dürfen witzig und frech sein, müssen aber zur
Diktion des Artikels passen.

Dass man keine witzige Bildunterschrift unter ein Foto schreibt, das zu
einem Nachruf gehört, versteht sich von selbst. Aber auch eine lyrisch-iro-
nisch Note passt nicht zu einem sachlichen Spielbericht, wie es der STAN-
DARD aus Wien einmal versuchte:

Der Moment der Erhebung. Christian Stumpf hebt die wunderbare
Wuchtel in den Himmel, auf dass sie herniederfalle auf alle Feinde.
Und es geschah.

Und:

Der Augenblick der Vollendung: Carsten Jancker fügt sich als
wackeres Werkzeug des Willens in den Ablauf der Gnade. Wie
nebenan ist Boang in die Betrachtung versunken.

Zynismus ist ebenfalls unangebracht. Der STERN brachte ein Kurzinter-
view mit dem 14-jährigen Oliver Kurz, der bereits 2,01 Meter misst. Im
Interview heißt es: „Stern: Nervt dich deine Länge […]? Kurz: Neee, die
nervt nur, wenn andere Witze machen, wenn ich ‚Bigfoot‘ genannt werde
oder ‚langer Lulatsch‘ … " Die Bildunterschrift zu einem Foto, das Oliver
Kurz neben seiner Mutter zeigt, lautete dazu:

Riesenbaby: Oliver Kurz, 2,01 Meter, mit Mutter Michaela, 1,72

Nicht ganz so drastisch, aber doch auch nicht ganz geschmackssicher ist eine Bildunterschrift in der STUTTGARTER ZEITUNG. Das Bild zeigt Kurt Beck und Wolfgang Clement, die jeder die Wangen einer Karnevalsprinzessin küssen mit der Bildunterschrift:

> Wenn es um die alte Tante SPD geht, sind Wolfgang Clement und SPD-Chef Kurt Beck gar nicht so weit auseinander.

Die abgebildete Dame wird sich als „alte Tante SPD" wohl kaum geschmeichelt fühlen dürfen.

Wenn es nicht um die alte Tante SPD geht, sind Wolfgang Clement (links) und SPD-Chef Kurt Beck (rechts) gar nicht so weit auseinander.　　　Foto Schwarz

10. Die Bildunterschrift muss einen Hinweis auf die Quelle enthalten.

Dazu gibt es verschiedene Möglichkeiten:
* Die Bildquelle, also in der Regel der Fotograf oder die Bildagentur, stehen am Ende der Bildunterschrift rechtsbündig. Manche Redaktionen verwenden dazu eine andere Type und/oder eine etwas kleinere Schriftgröße.

* Die Bildquelle kann in kleiner Schrift im Bild untergebracht werden, manchmal vertikal am Bildrand, manchmal in einer Bildecke.

- Die Bildquelle wird getrennt vom Bild, zum Beispiel im Impressum oder in einer eigenen Spalte gesammelt, aufgeführt. Dies ist häufig bei Mode- und anspruchsvolleren Frauenzeitschriften so.

Wichtig ist lediglich, dass mit Nachweisen zur Bildquelle sorgfältig umgegangen wird. Nicht jedes Bild, das sich in einem Schuhkarton der Redaktion oder irgendwo auf deren Server befindet, kann mit dem Nachweis „Foto: Archiv" erneut abgedruckt werden. Auch ist bei Fotos, die Leser zur Verfügung stellen, die Sache nicht immer mit „Foto: privat" abgetan. Lieber sollte die Redaktion noch einmal nachfragen, wer Inhaber der Bildrechte ist.

Viele PR-Fotos dürfen zwar kostenfrei abgedruckt werden, allerdings nur mit Quellennachweis. Oft ergibt sich bei solchen Fotos die Notwendigkeit, die Quelle zusätzlich in der Bildunterschrift zu erwähnen. Die Redlichkeit gegenüber dem Leser verlangt es, ihn über die Herkunft eines PR-Bildes, das als Symbolfoto benutzt wird, zu informieren. Schließlich stellen die frei verfügbaren Bilder in aller Regel den Auftraggeber aus einer besonders positiven Perspektive dar. Oftmals sind auch sein Logo oder sonstige Hinweise auf ihn zu erkennen. Ein versteckter Quellennachweis in winziger Schrift irgendwo am Bildrand reicht dann nicht mehr aus, um für den Leser die notwendige Transparenz zu schaffen.

11. Die Bildunterschrift sollte einem Bild eindeutig zuzuordnen sein.

Diese Forderung richtet sich an Layouter. Der Leser sucht bei einem Bild als erstes die Bildunterschrift. Er sollte sie deshalb leicht finden. Weder darf es sich um ein Suchspiel handeln, noch sollten die Bilder mit einer zentralen Bildunterschrift versehen werden. Bis man Bild und Bilderunterschrift im Uhrzeigersinn, durch Zahlen oder Beschreibungen („2. Bild rechts oben") gefunden hat, ist ein Teil der Leser bereits wieder ausgestiegen.

Sollte es doch einmal eine gemeinsame Bildunterschrift geben, dann muss die Reihenfolge der Beschreibung stimmen. Der Leser erwartet, dass Bilder von links nach rechts angeordnet sind. Die Bildunterschriften sollten dieser Gewohnheit folgen, wenn sie nicht den Leser verwirren wollen.

12. Die Bildunterschrift beschreibt nur, was auf dem Bild zu sehen ist – und nicht, was nicht darauf ist.

Es kommt auf den Verbandsseiten von Fachzeitschriften oder bei der Vereinsberichterstattung in der Lokalpresse gelegentlich vor, dass auch Abwesende erwähnt werden. So wie hier im KFZ-BETRIEB

Die drei Geschäftsführer der Hahn Automobile GmbH: (von re.) Otto Hahn, Steffen Hahn und Hartmut Luf. Nicht im Bild: Dieter Hauser.

Ein besonderer Missgriff stammt auf dem britischen GUARDIAN.

Ein nordafrikanischer Flüchtling liegt tot an einem Strand in Spanien im Jahr 2001

lautet dort eine Bildunterschrift. Auf dem Foto sieht man ein lebendiges Pärchen am Strand sitzen. Auf der äußersten rechten Seite erkennt man einen dunklen Fleck. Ist das der tote Afrikaner?

A hierarchy of death ... mourners console each other in the wake of the avalanche which killed seven students in Canada at the weekend (above). A north African refugee lies dead on a Spanish beach in 2001 (right). Two of the papers from Sunday which dropped their front-page puffs as if the crash was a UK tragedy (left)

Vor allem im Lokalteil und in Mitarbeiterzeitschriften kommt es immer wieder vor, dass Gruppen von Personen abgebildet werden und in der Bildunterschrift erläutert wird: „Nicht auf dem Foto sind ..." Was für ein Unsinn! Nicht auf dem Foto sind Milliarden von Menschen. Die Bildunterschrift beschreibt nur, was auf dem Foto zu sehen ist. Das dann aber auch, wenn man es nicht so gut erkennen kann – wie hier in der gelungenen Bildunterschrift der FRANKFURTER ALLGEMEINE ZEITUNG:

Gunda Röstel und – für den Moment verborgen – Antje Radke.

Gunda Röstel und – für den Moment verborgen – Antje Radcke   Foto Frank Röth

Diese zwölf Regeln helfen, korrekte und verständliche Bildunterschriften zu machen. Sie sind sozusagen die Pflicht. Die Kür ist, dass sie auch noch Lust machen, sich mit dem Artikel zu beschäftigen.

4.2 Schmuckbilder

In vielen Redaktionen, vor allen in den Lokalteilen, sind so genannte Schmuckbilder üblich. Kleinkinder, die nackt in einem Brunnen spielen, Teens, die im Frühsommer Eis schlecken, verliebte Paare im Spätsommer auf einer Parkbank, von hinten fotografiert, Schneeballschlachten im Winter und so weiter. Diese Fotos sollen lediglich die Seite optisch aufwerten, vor allem, wenn es für die anderen Artikel kein gutes Bildmaterial gibt.

Redakteure neigen dazu, unter solche Bilder lyrisch verbrämten Stuss zu schreiben. Dieser Neigung sollte man widerstehen, denn sie signalisiert dem Leser: Dieses Bild steht hier nur, weil es sonst kein Bild auf der Seite gäbe. Er hat mehr davon, wenn ihm auch ein Schmuckbild einen Mehrwert liefert. Zum Beispiel:

Verliebte im X-Stadtpark: Auch die kommenden Nächte werden lau und laden zum romantischen Ausklang des Abends ein. Meteorologen sagen bis zum Wochenende Temperaturen von rund 16 Grad voraus.

Manche Redaktionen küren ein Bild der Woche oder ein Bild des Monats. Ein solches Bild sollte dann in der Tat inhaltlich und fotografisch hervorstechen. Eine Allerweltsaufnahme zu einem Allerweltsereignis verdient nicht den Titel „Bild der Woche".

Schlusswort

Dieses Buch ist voller Regeln, Hinweise und Verbote. Das gehört zum Wesen von Praxis-Ratgebern. Sie sollen ja Rat und Orientierung in der täglichen Arbeit in der Redaktion geben. Einige dieser Regeln leiten sich von der Konvention ab, andere basieren auf den Grundlagen der empirischen Verständlichkeitsforschung. Der eine oder andere Hinweis mag auch dem Geschmack des Verfassers zu schulden sein.

Regeln können natürlich gebrochen werden. Wer verstanden hat, welcher Gedanke der Regel zugrunde liegt, kann durch das bewusste Brechen dieser Regel eine besondere Wirkung erzielen. Das ist dann der Schritt vom Handwerk zur Kunst.

Eine Regel allerdings sollte nie gebrochen werden: Kein Journalist darf seinen Kunden, nämlich seinen Leser, missachten. Er darf ihn niemals langweilen! Niemals in die Irre führen!

Wolf Schneider hat dazu einmal gesagt: Es sei immer der Schreiber, der sich plagen müsse. Er will etwas mitteilen, also muss er auch dafür arbeiten, dass seine Botschaft verstanden wird. Diese Arbeit hört nicht beim fertigen Text auf! Überschriften, Vorspanne und Bildunterschriften gehören zur Arbeit des Autors dazu.

Literatur

Fasel, Christoph (2004): Nutzwertjournalismus. Konstanz: UVK

Gaßdorf, Dagmar (1996): Das Zeug zum Schreiben. Eine Sprachschule für Praktiker. Mit Stilblüten zum Schmunzeln und Übungen zum Bessermachen. Bonn: ZV-Zeitungs-Verlag Service

Gerhardt, Rudolf (1993): Lesebuch für Schreiber: vom journalistischen Umgang mit der Sprache; ein Ratgeber in Beispielen. Frankfurt am Main: IMK

Gerhardt, Rudolf/Leyendecker, Hans (2005): Lesebuch für Schreiber. Vom richtigen Umgang mit der Sprache und von der Kunst des Zeitunglesens. Frankfurt: Fischer

Haller, Michael (1999): Die Überschrift. Sage & Schreibe Werkstatt. Beilage zu: Journalist 9/1999, S. 10-11

Häusermann, Jürg (2005): Journalistisches Texten. Sprachliche Grundlagen für professionelles Informieren. Konstanz: UVK

Kurz, Josef (2000): Die Überschrift. In: Kurz, Josef/Müller, Daniel/Pötschke, Joachim/Pöttker, Horst: Stilistik für Journalisten. Wiesbaden: Westdeutscher Verlag, S. 379-418

Langer, Inghart/Schulz von Thun, Friedemann/Tausch, Reinhard (2002): Sich verständlich ausdrücken. München: Ernst Reinhardt

Raue, Paul-Josef/Schneider, Wolf (2003): Das neue Handbuch des Journalismus. Reinbek: Rowohlt

Readership Institute (2005): Reinventing the Newspaper for Young Adults. A Joint Project of the Readership Institute and Star Tribune. Evanston (Ill.): o. V.

Reiners, Ludwig (1998): Stilfibel. Der sichere Weg zum guten Deutsch. 33. Aufl. Frankfurt: dtv

Reiter, Markus (2008): Klardeutsch. Neuro-Rhetorik für Manager. München: Hanser

Reiter, Markus (2006): Öffentlichkeitsarbeit. Heidelberg: Redline Wirtschaft

Reiter, Markus (2007): Die Phrasendrescher. Wie unsere Eliten uns sprachlich verblöden. Gütersloh: Gütersloher Verlagshaus

Reiter, Markus/Sommer, Steffen (20072): Perfekt schreiben. München: Hanser

Schneider, Wolf (1994): Deutsch fürs Leben. Reinbek: Rowohlt

Schneider, Wolf (2005): Deutsch! Reinbek: Rowohlt

Schneider, Wolf/Esslinger, Detlef (2007; 4. Aufl.): Die Überschrift. München: List

Stark Adam, Pegie/Quinn, Sara/ Edmonds, Rick (2007): Eyetracking the News. A Study of Print and Online Reading. St. Petersburg (Florida): Pointer Institute of Media Studies

Index

Deutscher Journalisten- Verband (DJV)

- **wer wir sind?**

- **wo wir stehen?**

- **was wir wollen?**

· Ihr kompetenter Partner in allen Fragen rund um den Journalismus

· an der Seite von rund 39.000 Mitgliedern, die uns vertrauen

· Qualität im Journalismus
· faire Tarifverträge
· sichere Arbeitsplätze
· gerechte Honorare für Freie
· Perspektive für den Journalistenberuf

Sprechen Sie mit uns:

· Deutscher Journalisten-Verband
Gewerkschaft der
Journalistinnen und
Journalisten
Pressehaus 2107
Schiffbauerdamm 40
10117 Berlin

Telefon: (030) 72 62 79 20
Fax: (030) 726 27 92 13
Mail: djv@djv.de

· DJV-Geschäftsstelle
Bennauerstraße 60
53115 Bonn

Telefon: (0228) 201 72-0
Fax: (0228) 201 72 35
Mail: djv@djv.de

www.djv.de

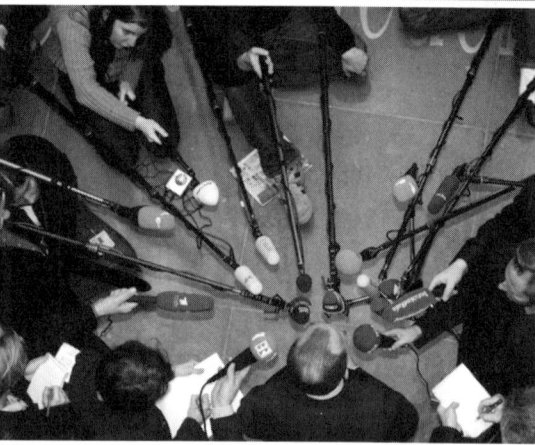

GEWERKSCHAFT
DER JOURNALISTINNEN
UND JOURNALISTEN
DEUTSCHER
JOURNALISTEN-
VERBAND

Weiterlesen

Film Journalismus Kommunikationswissenschaft Public Relations Soziologie Geschichte

Textsorten

Christoph Fasel
Textsorten
2008, 144 Seiten, broschiert
ISBN 978-3-86764-112-8
Wegweiser Journalismus 2

Christoph Fasel führt kompakt und präzise in die verschiedenen journalistischen Darstellungsformen ein. Anhand vieler Beispiele zeigt er, wie sie funktionieren, und regt zum Mitmachen an.
Der Leser erfährt u. a.

- was tatsachenbetonte von meinungsbetonten Texten unterscheidet,
- wie man den Kern einer Nachricht findet und schreibt,
- was Nachricht, Bericht und Feature unterscheidet,
- warum ein Interview nie so gedruckt wird, wie es gehalten wurde,
- was einen guten Reporter auszeichnet,
- wie man Menschen spannend porträtiert,
- warum ein Kommentar eine Meinung braucht – und wie man sie präsentiert,
- warum Glossenschreiber immer eine Pointe benötigen und
- was eine gute Kritik ausmacht.

Besonders geeignet ist dieser Band für junge Menschen, die Journalist werden und sich das Handwerk dafür aneignen wollen; spannend zudem für alle, die die journalistischen Spielregeln kennen lernen und beherrschen möchten. Und für Seiteneinsteiger, die sich einen Überblick verschaffen wollen.

Klicken + Blättern

Leseprobe und Inhaltsverzeichnis unter

www.uvk.de

Erhältlich auch in Ihrer Buchhandlung.

UVK Verlagsgesellschaft mbH

Weiterlesen

Praktischer Journalismus

Klicken + Blättern

Leseprobe und Inhaltsverzeichnis unter

www.uvk.de

Erhältlich auch in Ihrer Buchhandlung.

UVK Verlagsgesellschaft mbH

Weiterlesen

Praktischer Journalismus